# VASSILI VERESTCHAGIN



# NAPOLÉON I<sup>ER</sup>

EN

# RUSSIE

## PARIS

DÉPOT : Chez H. FLOURY

1, boulevard des Capucines

ET CHEZ TOUS LES LIBRAIRES

1897

# NAPOLÉON I<sup>ER</sup>

## EN

# RUSSIE

VASSILI VERESTCHAGIN

# NAPOLÉON I<sup>ER</sup>

## EN

## RUSSIE

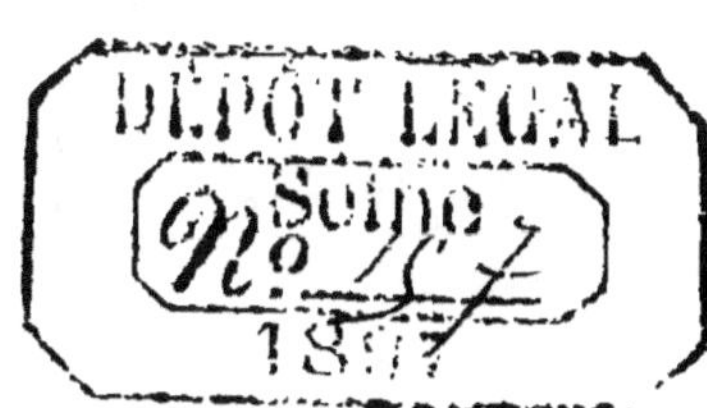

PARIS

DÉPOT : Chez H. FLOURY

1, boulevard des Capucines

ET CHEZ TOUS LES LIBRAIRES

1897

*Je n'ai pas eu la prétention d'écrire l'Histoire des conquêtes de la Grande Armée en 1812. Ayant eu besoin d'étudier les documents du temps, j'ai fait un ensemble de nombreux extraits, russes, français et autres, croyant qu'ils pourraient servir de commentaire à mes tableaux.*

*Mon ami Alfred Gérardin m'a aidé dans la traduction de ces pages et, quoiqu'il ait, en bon patriote, biffé beaucoup de choses désagréables — il en reste encore pas mal.*

*La faute n'en est pas à nous, mais bien à Napoléon.*

*..... Du reste, une guerre est toujours une guerre et toutes les guerres se ressemblent — plus ou moins!*

V. VERESTCHAGIN.

# L'INCENDIE DE MOSCOU

Napoléon énumérait parmi les prétextes à la guerre qu'il déclarait à la Russie la reconstitution de la Pologne et l'abolition du servage. — Mais il est à supposer qu'il comptait sur ce dernier moyen seulement pour exciter contre leur maître les sujets d'Alexandre, car il n'était guère dans sa nature de faire du sentiment à propos de liberté.

Il espérait trouver en Russie un peuple disposé à s'affranchir de l'esclavage et, si dans un sens il ne s'était pas trompé, il n'avait pas compris que les moyens employés, loin de pousser le peuple à la révolte contre les seigneurs, amenait le résultat, diamétralement opposé, d'en faire un ennemi irréconciliable de l'envahisseur.

Il y eut au début des défaillances parmi les Russes, au fur et à mesure que Napoléon pénétrait davantage dans le pays. Mais l'indignation ne tarda pas à réagir à la suite des violences et des cruautés des Français et surtout de leurs alliés, Allemands, Polonais, Italiens et autres.

Devant l'assurance que les provinces conquises

par la Grande Armée resteraient à la France et que les propriétaires de serfs et les fonctionnaires expulsés ne reviendraient jamais, les paysans n'hésitaient pas, dans certains endroits, à se rallier, à favoriser l'approvisionnement des troupes et souvent à se mettre en mésintelligence ouverte avec les seigneurs, auxquels il leur arrivait de refuser les chevaux nécessaires à leur fuite : « Allons donc! perdre nos chevaux, quand Bonaparte arrive et va nous libérer! »

Quant aux seigneurs, si quelques-uns, comme Engelhardt, restaient dans leurs propriétés, cherchant toute occasion d'être utile à leur pays, en nuisant aux Français et acceptant bravement la mort. On sut d'autre part que le prince Bagration s'était vu forcé d'arracher publiquement sa croix à un fonctionnaire indigne.

Aussi, les Français partis, y eut-il de nombreuses investigations contre les dignitaires civils accusés de défaillance et l'archevêque Teophilacte, envoyé pour rétablir l'ordre dans les provinces, écrivit au ministre : « ..... du côté laïc, on a dû fermer les yeux, car le comte Tolstoï, le gouverneur, est obligé de conserver en service des traîtres avérés..... »

On put trouver dans la berline du général de Montbrun, un billet évidemment émané d'un officier d'état-major russe, qui livrait le plan d'une attaque.....

Le clergé lui-même se conduisit parfois d'une

manière incompréhensible. L'évêque de Moguilew, pour ne pas parler des dignitaires ecclésiastiques de Vitebsk, crut à un démembrement de cette partie de la Russie et ordonna des *Te Deum* et des prières où le nom d'Alexandre était remplacé par le nom de Napoléon. — Il prêta même serment au vainqueur, avec tout son consistoire, en invitant son clergé à l'imiter et la formule de ce serment était ainsi libellée : « Moi, soussigné..... prête serment de fidélité au nom de Dieu Tout-Puissant, au gouvernement institué par Napoléon, Empereur des Français et Roi d'Italie, et d'obéissance a tous ses ordres.

Le maréchal Davout, à cette occasion, dans une discussion « *dogmatique* », sut convaincre l'archevêque de la nécessité de prier pour l'Empereur, en lui rappelant, en présence du fait accompli de la conquête, la parole de l'Évangile : « Rendez à César ce qui est à César. » — « Mais, dit l'archevêque, je rends bien à mon souverain ce qui est à César. » — « Non, riposta Davout, César veut dire le plus fort, et pour le moment ce n'est pas le cas de votre Empereur Alexandre..... »

Si l'on en croit un témoin, ancien officier russe, M. A. B. de B., le mécontentement réel, qui existait dans le peuple contre les seigneurs changeait en proportion des mécomptes que lui avait réservés la conduite des soldats. — Non seulement il n'avait pas été question de liberté ; mais paysans, bourgeois et seigneurs étaient pillés sans

merci. — On profanait les églises qu'on trans-
formait en écuries. — On faisait du feu avec les
Images saintes. — On n'épargnait ni les femmes,
ni les jeunes filles, ni même les enfants. Bref, les
villages se dépeuplaient et les forêts se remplissaient de fugitifs qui brûlaient ce qu'ils ne
pouvaient emporter avec eux.

Un autre témoin, le commandant Labaume, cite
entre autres exemples du vandalisme des conquérants, de très belles propriétés, dévastées en un
clin d'œil, sans profit pour qui que ce fût.

Il n'est pas étonnant, dans ces conditions, que
les Russes aient fini par mettre eux-mêmes le feu
chez eux et que les Français n'aient rencontré que
des villes brûlées, des villages en cendres, des
puits comblés de charognes et de fumiers.

L'exaspération était montée à ce point qu'on ne
songeait qu'à affamer l'ennemi, en détruisant
jusqu'à ses propres provisions.

Cette abnégation patriotique et courageuse
n'allait pas cependant sans un certain côté humain :
c'est ainsi que les seigneurs de Moscou, ayant
offert beaucoup de recrues et les Guildes mar-
chandes beaucoup d'argent, les volontaires étaient
partis quand déjà Napoléon battait en retraite et
une partie de l'argent, promis dans l'élan du premier mouvement, ne fut versée qu'en 1814 et
encore fallut-il, pour ainsi dire, l'extorquer.

Ce mouvement n'en était pas moins des plus
généreux et des plus énergiques, et la population

de Moscou, qui n'admettait pas l'idée que l'on pût faire des concessions à Napoléon, fut, à de rares exceptions près, fidèle à ses convictions et à son devoir.

Comment alors put-il arriver que la Grande Armée trouva la ville encore encombrée d'approvisionnements, de richesses, de marchandises de toutes sortes ?

L'explication en est simple.

Après la bataille de Borodino, Kutusoff, bien convaincu que la partie était perdue pour un temps et qu'il ne livrerait pas une seconde bataille sous les murs de Moscou, n'en laissa pas moins croire au gouverneur général de la ville, comte Rostopchin, qu'il se disposait à appuyer de ses armées la résistance des Moscovites, et celui-ci, confiant et ne voulant pas effrayer ses administrés, ne fit pas les préparatifs nécessaires et n'évacua que les objets les plus précieux et les trésors des Tzars. — Il ne toucha même pas à l'arsenal. — Au dernier moment, quand l'entrée des ennemis fut imminente, et que Rostopchin comprit que le généralissime cachait le vrai plan, on voulut se hâter de faire disparaître le reste, mais il n'y avait plus de chevaux, et la ville entière, quittée en masse par ses habitants, resta, riche encore, à la discrétion du vainqueur.

Des dissentiments, contenus d'abord, ne tardèrent pas à se laisser deviner entre les deux chefs. Si Rostopchin faisait éclater son patriotisme,

Kutusoff n'en souffrait pas moins, pour savoir se taire, et s'il s'était décidé à sacrifier la ville sainte, c'est qu'il avait compris l'impossibilité de la défendre.

Malgré les opinions de parade des généraux Beningsen, Ermoloff et autres, ce « vieux renard » de Kutusoff pensait, avec Barclay, que Moscou était une ville comme les autres, qu'il ne fallait pas hésiter à perdre, pour le salut du reste de la Russie. Il consentait à sauver les apparences et autorisait Miloradovitch à faire, devant les habitants, un simulacre de résistance, mais il n'en tenait pas moins à l'écart de ses conseils l'ancien courtisan de Paul Ier, Rostopchin. — Celui-ci ne se gênait pas pour traiter de « vieille baba (1) borgne », le généralissime auquel il écrivait : « Décidez-vous, — car j'agirai avec vous devant Moscou, — sinon, sans vous dans Moscou. »

La « Baba » qui n'avait pas grande confiance dans la population armée, que le beau parleur Rostopchin comptait mettre généreusement à sa disposition, répondait en réclamant simplement des vivres et il ne pria pas même le commandant en chef de Moscou d'assister au conseil de guerre, où fut décidée la retraite des armées russes.

Quand les seigneurs se battent, dit un proverbe de la Petite Russie, le toupet du paysan lui fait mal. — C'est ce qui arriva aux bourgeois de

_______________

(1) Baba, femme de paysan.

Moscou. Les dissentiments des chefs eurent ce résultat de les faire surprendre par les Français.

Rostopchin eut juste le temps, faisant bonne mine au mauvais jeu de Kutusoff, d'ouvrir au peuple les portes de l'arsenal, de vider dans les rues les nombreux tonneaux de vodka (1), et de faire « filer » ses amis, sa famille et lui-même — ce qui était le plus difficile.

La foule qu'il avait armée et ameutée par ses « affiches » devenues légendaires, ayant résolu de se faire conduire contre Napoléon, s'opposait à son départ, et se pressait devant le palais du gouvernement. Pour se sauver, il eut l'idée de lui jeter, comme on agirait avec des loups affamés, une proie à dévorer. — Il trouva justement sous sa main le fils d'un marchand, Verestchagin, prévenu d'avoir traduit un article relatif à Napoléon, et il le livra à la populace comme « le misérable par qui Moscou et la Russie périraient ». Aucune main ne se levant pour faire justice du soi-disant traître, — un pâle et frêle jeune homme, — il le fit sabrer par un dragon. A la vue du sang, la foule se rua, attacha Verestchagin à la queue d'un cheval et le fit traîner par les rues pendant que le gouverneur s'échappait par une porte de derrière et quittait la ville.

Le corps de la victime ayant passé par le marché, vint échouer au chevet d'une petite église et

----

(1) Eau-de-vie russe.

fut enterré à l'endroit même où il gisait. Plus tard, lorsqu'on ouvrit la rue de Sophiyka, le corps fut retrouvé intact, il fut un instant considéré comme un saint martyr.

Bien que l'Empereur Alexandre eût conservé contre Kutusoff, depuis la bataille d'Austerlitz, une certaine prévention — injustifiée, puisque ce général n'avait fait qu'exécuter le plan du chef d'état-major autrichien Weinrotter, approuvé par les deux Empereurs — il ne l'appela pas moins au commandement de ses armées, au moment du danger. — Cette nomination était imposée par l'opinion publique.

Dès que Kutusoff fut arrivé à l'armée, il releva, par d'habiles paroles, le moral du soldat, et réagit contre l'espèce de découragement qu'entraînait pour toute l'armée la reculade persistante des troupes russes.

Certains, cependant, avaient quelque méfiance et le brave et emporté Bagration avait pu dire qu'il considérait Kutusoff comme « filou, capable de vendre sa patrie ».

En réalité Kutusoff n'eut qu'une idée : tromper Napoléon et, en évitant de le rencontrer en face, s'arranger pour le maintenir le plus longtemps possible, jusqu'à l'hiver même, à Moscou, et lui barrer plus tard la route des provinces du sud, en le rejetant sur la route qu'il avait suivie pour venir, route dévastée.

Le plan réussit et si Kutusoff ne fit pas à ce

moment plus de mal à Napoléon, c'est qu'en sa qualité de bon Russe et de patriote, il croyait suffisant de l'avoir chassé du pays et ne tenait pas à se mêler des affaires de l'Europe. — C'est ce dont témoignent tous les rapports de l'attaché militaire anglais Wilson, lesquels ne sont qu'un continuel et violent réquisitoire contre le « traître » Kutusoff.

Dès que son armée eut traversé Moscou, dans le plus grand désordre, il disparaît tout d'un coup et Napoléon tonne contre sa cavalerie qui ne sait pas retrouver le vieux général.

Lui, il va reprendre position au sud, couvrant le riche gouvernement de Kalouga, pendant que Napoléon, oubliant de poursuivre son arrière-garde, qu'il pouvait anéantir, se morfond à la barrière de Dorogomilow, à attendre la députation des Moscovites, qui doivent lui remettre les clefs de la ville et qui ne viennent pas.

Il y eut quelques heures où Moscou fut la proie de maraudeurs russes, qui firent bientôt place aux pillards de l'armée française. — Il s'y passa des scènes terribles et comiques. Voici, entre autres exemples, ce que raconte sur ces moments troublés une bonne Matouschka (1) : « J'étais à la fenêtre de ma chambre et je tricotais. — Voilà qu'accourt la femme du sacristain. « Ma mère, on dit que le Bonaparte est aux barrières ! — Ma chaussette me tombe des mains ; je m'écrie : « Dmitri Vlassitch,

_______________

(1) Femme de prêtre.

entends-tu ? » — Or, mon mari était occupé à écrire dans la chambre voisine. Il me demande ce qu'il y a ? — « Ce qu'il y a, c'est que Bonaparte est arrivé ; la femme du sacristain le dit. » — Et lui de rire : « Eh ! la sotte, tu crois à la femme du sacristain et tu ne crois pas au général Gouverneur ! La voilà, son affiche, je te l'ai pourtant lue. — Va plutôt préparer le samowar..... »

« Nous avons envoyé notre cuisinière au bazar, raconte plus loin la même personne, pour chercher des provisions et elle avait pris avec elle mon cousin qui s'appelait Sidor Karpowitch. Et lui, avait emporté un pot et une bonne cuiller de bois : « J'ai bien envie de faire ma provision de miel et je sais qu'il y en a des tonneaux..... J'en prendrai un peu. »

« Arrivés, le bazar était vide. — De place en place passe quelqu'un de l'ennemi ou des nôtres : Anissia était allée prendre du thé et du sucre et lui, cherchait son miel. Il lui dit : « Quand tu auras fini, attends-moi, j'aurai vite mon affaire. »

« Elle mit dans sa serviette du thé et du sucre coupé, et attendit Sidor. — Personne ! L'idée lui vint : « Est-ce qu'il ne lui est rien arrivé ? » Elle aurait bien été au-devant, mais elle craignait de se perdre dans le bazar. — « Je me suis assise dans la boutique et j'ai dit ma prière, » racontait-elle.....

« Tout à coup elle entend qu'il l'appelle : « Anicioushka, ma pigeonne, où es-tu ? » Elle sortit de

la boutique et resta tout interdite : toute la ligne
des magasins était vide, et au milieu s'avançait
un homme..... non..... pas un homme, un mons-
tre. Elle ne pouvait pas distinguer ce que c'était.
— Quand ils se furent joints, la fille pensa mourir
de rire : Sidor, des pieds à la tête, était dégouttant
de miel. Sur la tête, on eût dit un chapeau, de
visage — pas trace. — Et voilà qu'il lui raconte
qu'il avait commencé à mettre du miel dans le pot,
quand trois gaillards lui ont dit : « Donne ton
pot ! » — Lui, de refuser : « Pourquoi êtes-vous
venus les mains vides ? — Donne le pot ! » — Sidor
Karpovitch saisit son pot à deux mains et court.
— Ils l'ont rattrapé, les vauriens, lui ont arraché
le pot et ils ont flanqué Sidor dans le tonneau de
miel, la tête la première : « Je n'ai plus rien vu,
j'étais asphyxié ; j'ai commencé à gigotter, réussi à
relever la tête. Mais voilà les pieds qui enfon-
cent ; et le nez, les yeux, la bouche, tout est collé !
Je veux me passer la main sur le visage, les mains
sont pleines de miel et il est si épais, ce maudit miel,
qu'on croirait que je suis enfoncé dans de la
résine. — Ben ! je ne sais le temps qu'a duré mon
martyre, mais je sens que je perds la tête. — J'ai
tout de même ramassé toutes mes forces ; j'ai
attrapé le bord du tonneau et je suis sorti ! — maintenant que me voilà sur pieds, je ne vois rien,
n'entends rien et ne sais où aller. »

Plus tard, bien des années après, ajoute la matouschka, nous ne pouvions nous souvenir de cela

sans rire; la femme du sacristain surtout, une maligne, aussitôt qu'elle voit mon cousin : « Il faut te régaler de miel, Sidor Karpovitch, n'est-ce pas ? Tu l'aimes tant ! »

Un bourgeois plein de courage s'était armé à l'arsenal d'un fusil sans batterie, mais avec lequel il était au moins sûr de faire peur aux Français. Il eut l'occasion de le brandir sur le passage d'un détachement ennemi. Ce ne fut pas long ; il reçut de ce même fusil, aussitôt saisi et retourné contre lui, un tel coup de crosse, qu'il crut rester sur le carreau et ne pensa plus à guerroyer.

Du reste l'exaspération était quelque peu tombée, depuis que Rostopchin, avant son départ, avait eu soin de faire « saigner » les tailleurs, qui ne se possédaient plus et voulaient tuer tous les étrangers de Moscou.

Ces derniers furent évacués par bateaux sur Nijni-Novgorod.

De longues files de Moscovites, emportant les saints Icônes et les ustensiles du culte, sortaient par toutes les portes de la ville, avec des chants plaintifs et des lamentations.

La légende veut qu'à la nuit de ce jour poignant, un glaive de feu se soit vu dans le ciel, à l'horizon de Moscou, miracle qui mit le comble à l'affolement des quelques milliers de personnes qui restaient de trois cent mille habitants.

Pendant ce temps, les Français entraient. Les premiers corps traversaient immédiatement la ville et prenaient position aux environs. La garde établit ses quartiers au Kremlin.

La vieille cité des Tzars, avec ses coupoles argentées et dorées, les peintures de toutes couleurs de ses terems (1) et de ses palais, la quantité de ses clochers byzantins, avait fait sur l'armée l'impression d'une ville des Mille et une Nuits.

Napoléon tenait à conserver intacte sa superbe conquête. — Sur la menace du général Miloradovitch d'y mettre le feu s'il était poussé, l'épée dans les reins, pour son évacuation, l'Empereur autorisa le roi de Naples, Murat, à modérer la poursuite et à arrêter l'élan de sa cavalerie.

Français et Cosaques, les uns entrant et les autres sortant, furent quelques instants confondus, et Murat, au milieu des ennemis, put tout à son aise se faire admirer des « barbares ». Le roi, ayant même trouvé fort commode pour le bivouac la belle « Bourka » (2) du général des Cosaques et le lui ayant fait dire, ce dernier s'empressa de la lui offrir. Murat, en retour, lui fit cadeau d'une superbe montre en or qu'il « emprunta » à Gourgaud, aide de camp de Napoléon, lequel, par malchance, se trouvait près de lui.

En défilant dans les rues immenses de la ville déserte, les soldats furent d'abord étonnés de ne

---

(1) Etages supérieurs des maisons russes anciennes.
(2) Manteau caucasien, en feutre de laine. Cette Bourka servit bien Murat, lors de la retraite.

rencontrer personne, de ne pas même voir quelque femme écouter leurs musiques et les regarder passer. En avançant, le bruit saccadé de leur marche, seul résonnant avec quelques batteries de tambours ou le clapotement confus des cavaliers dans le silence qui glaçait la ville, les impressionna vivement. Cependant les concierges présentaient si humblement les clefs de toutes les maisons que l'effroi naissant commença à se calmer.

On se logea princièrement pour la nuit.

Le jour n'était pas tombé que des incendies éclatèrent. Des terreurs vagues coururent de nouveau. Les églises, remplies de cierges allumés, étaient parées comme pour une fête. N'y avait-il pas là quelque piège ? Si la ville allait être minée?... et les nerfs tendus, les envahisseurs croyaient entendre des cliquetis d'armes et des cris de combattants.

En entrant dans Moscou l'armée française était orte de cent à cent cinquante mille hommes. A l'exception de la Garde, elle quitta Moscou le lendemain de l'investissement. Les Espagnols, les Italiens, les Portugais, les Suisses, les Bavarois, Wurtembergeois et Saxons restèrent dans la ville. Il faut noter que la haine que ressentaient pour les Français les troupes allemandes était manifeste, et se faisait jour dans toutes les occasions. Les ordres donnés par un général français n'étaient exécutés qu'avec la plus mauvaise volonté.

Des traînards russes, des déserteurs erraient

encore. Fesenzac dit en avoir envoyé plus de cinquante à la prévôté du quartier général. On lui reprocha de ne les avoir pas fait fusiller séance tenante, en l'autorisant à l'avenir à s'en défaire plus vite ; car les incendies, non seulement ne cessaient pas, mais encore se propageaient dans toutes les directions, en redoublant de violence.

« C'était effrayant, **raconte une jeune personne**, fille d'un marchand, les Russes eux-mêmes brûlaient Moscou !..... » « Nous fûmes saisis d'effroi en voyant des incendies partout, » dit un autre témoin..... « On brûlait Moscou pour en chasser Bonaparte ; je ne sais ce qui en était, mais on mit le feu à notre maison, cela est certain, » assure un troisième.

On vit un homme ivre, de blanc vêtu, sortir de la maison du prince Kourakin. L'intendant et quatre laquais le chassaient à coups de bâton : Il poussa un cri de triomphe. « Comme ça brûle bien ! » Les gens de Kourakin déclarèrent que c'était un incendiaire et qu'ils allaient le livrer aux Français. Il fut immédiatement fusillé.

On a tort d'attribuer à un plan bien arrêté d'avance l'incendie de Moscou. La cause principale en fut d'une part le grand nombre des constructions en bois ; de l'autre la résolution qu'avaient prise les Russes de ne pas livrer leurs biens aux mains de l'ennemi. On en rejeta d'abord la responsabilité sur Rostopchin qui, entre autres choses, écrivait à Bagration, « qu'au pis aller, il était décidé à réduire la ville en cendres. » Ce qui pourrait appuyer cette supposition, c'est que le gouverneur eut soin de faire disparaître les engins des pompiers. Mais plus tard les recherches faites sur la question prouvèrent que l'incendie avait été plutôt affaire de hasard. Rostopchin lui-même le confirme. « Le trait principal du caractère russe, dit-il dans son « Explication » est de détruire plutôt que livrer à l'ennemi. Périsse plutôt tout ! Lorsque Napoléon et l'armée eurent occupé la ville, plusieurs généraux et quelques officiers se rendirent au marché aux voitures, dans les meilleurs magasins. Chacun y choisit l'équipage qui lui plut et y inscrivit aussitôt son nom. Les marchands, d'un commun accord, mirent le feu à leurs magasins pour ne pas devenir les fournisseurs de l'ennemi. »

Cette explication est assez vraisemblable.

Au contraire, les officiers français soupçonnaient leurs soldats d'avoir été la cause du désastre et s'en montraient très mortifiés. Ségur raconte que nombre d'officiers se réfugièrent dans les salles du Palais. Des généraux, Mortier lui même, qui depuis trente-six heures luttaient contre le feu, y vinrent tout épuisés. Tous se taisaient ou s'accusaient. Tous croyaient que l'ivresse et l'indiscipline des soldats avaient propagé le fléau. On se regardait avec dégoût : Que dira l'Europe ? On se parlait les yeux baissés et comme consterné d'une si terrible catastrophe qui, en amoindrissant la victoire, en anéantissait les fruits. La Providence, le monde

civilisé ne devaient-ils pas châtier de tels crimi-
nels ?

Ces pénibles pensées furent adoucies enfin par
la nouvelle que les Russes brûlaient eux-mêmes la
ville. Impossible d'en douter. Les officiers qui arrivaient de tous côtés, s'accordaient sur ce point.

Un véritable ouragan s'était élevé et le feu sévis-
sait avec une violence inouïe. En moins d'une heure
il avait envahi dix endroits différents et l'énorme
espace, au delà de la rivière, n'était qu'une mer de
flammes portant partout la terreur et la destruction.

Une coupole de feu s'était abaissée sur la ville ;
des flammèches et des débris ardents volaient de
toutes parts.

« La nuit, le feu fut mis dans diverses parties de
la ville, dit Labaume ; l'embrasement, poursuivant
ses ravages, eut bientôt atteint les plus beaux
quartiers. En un instant, tous ces palais, que nous
avions admirés pour l'élégance de leur architecture
et le goût de leur ameublement, furent ensevelis
sous des torrents de flammes. — Leurs superbes
frontons, décorés de bas-reliefs et de statues, venant
à manquer de supports tombaient avec fracas sur
les débris de leurs colonnes. Les églises, quoique
couvertes en tôle et en plomb, tombaient aussi et
avec elles ces dômes superbes que nous avions vus
la veille tout resplendissants d'or et d'argent. —
Les hôpitaux, où se tenaient plus de vingt mille
blessés ne tardèrent pas à être incendiés ; la scène
qui s'offrit alors révoltait l'âme et la glaçait d'effroi.

Presque tous ces malheureux périrent et l'on voyait le peu de vivants qui respiraient encore, se traîner à moitié brûlés sous des cendres fumantes ; d'autres, gémissant sous les monceaux de cadavres, les soulevaient avec peine pour chercher à revoir la lumière.

» Comment dépeindre le mouvement tumultueux qui s'éleva, lorsque le pillage fut toléré dans toute l'étendue de cette ville immense ; les soldats, les vivandiers, les forçats et les prostituées courant les rues, pénétraient dans les palais abandonnés et en arrachaient tout ce qui pouvait flatter leur cupidité. Les uns se couvraient d'étoffes tissées d'or et de soie ; d'autres mettaient sur leurs épaules, sans choix ni discernement, les fourrures les plus estimées : beaucoup se couvraient de pelisses de femmes et d'enfants et les galériens mêmes cachèrent leurs haillons sous des habits de cour. Le reste, se portant en foule vers les caves, en enfonçait les portes et, buvant les vins les plus précieux, emportait, d'un pas chancelant, son immense butin.

» Cet affreux saccage ne se borna point seulement aux maisons abandonnées..... Tous les asiles ne tardèrent pas à être violés par une soldatesque insolente.....

» Les généraux reçurent aussi l'ordre de sortir de Moscou. Alors la licence devint effrénée et les soldats, n'étant plus retenus par la crainte qu'inspire toujours la présence des chefs, se livrèrent à tous les excès imaginables : Aucune retraite ne fut assez

sûre, aucun lieu assez saint pour se préserver de
leurs recherches avides. Mais rien ne devait autant
exciter la cupidité, comme l'église de Saint-Michel,
destinée à la sépulture des Tzars de Russie. — Une
fausse tradition faisait croire qu'il s'y trouvait des
richesses immenses. Dans cette croyance, des grenadiers pénétrent dans l'église et, tenant en
mains des flambeaux, descendent dans les vastes
souterrains pour troubler la paix et le silence des
tombeaux.....

» Consterné par tant de calamités, j'espérais que
les ombres de la nuit en couvriraient l'horrible
tableau ; elles ne servirent, au contraire, qu'à
rendre l'incendie plus effrayant, et à faire ressortir
davantage la violence des flammes, qui s'étendaient
du nord au midi, agitées par les vents ; elles
sillonnaient le ciel, rembruni par une épaisse
fumée. Mais rien ne glaçait d'effroi comme la terreur
qui régnait au fond des cœurs, et qui, dans ce
silence des ténèbres, ne faisait que s'accroître par
les cris des malheureux qu'on égorgeait ou par les
pleurs des jeunes filles qui se réfugiaient dans le
sein palpitant de leurs mères et dont les vains
efforts ne servaient qu'à enflammer la rage de leurs
bourreaux. A ces affreux gémissements se joignaient
les hurlements des chiens qui, selon l'usage de
Moscou, enchaînés aux portes des palais, ne pouvaient échapper au feu dont ils étaient entourés.....

» A travers une épaisse fumée se présentait une
longue file de voitures, toutes chargées de butin ;

forcées, par l'encombrement, de s'arrêter à chaque pas, on entendait les cris des conducteurs qui, craignant d'être brûlés, poussaient, pour avancer, des hurlements épouvantables ; partout on ne voyait que des gens armés, qui, quoique s'en allant, enfonçaient les portes dans la crainte de laisser une maison intacte, et si des objets nouveaux étaient préférables à ceux qu'ils avaient d'abord, ils abandonnaient les premiers pour se saisir de la dernière capture ; beaucoup ayant même des voitures bien chargées, emportaient sur leur dos le reste de ce qu'ils avaient pillé ; mais l'incendie, en obstruant le passage des principales rues, les obligeant à revenir sur leurs pas, ils erraient ainsi de quartier en quartier, cherchant, dans une ville immense qu'ils ne connaissaient point, une issue favorable pour pouvoir sortir de ce labyrinthe de feu. Beaucoup s'éloignaient, au lieu de se rapprocher, du petit nombre des portes par où l'on pouvait sortir.

» C'est ainsi qu'ils périrent, victimes de leur cupidité. — Malgré ce péril extrême, cette même cupidité faisait braver tous les dangers ; les soldats, emportés par l'ardeur du pillage, se précipitaient au milieu des vapeurs embrasées ; ils marchaient dans le sang, foulant aux pieds des cadavres, tandis que des ruines et des charbons ardents tombaient sur leurs bras homicides. Tous auraient sans doute péri si une chaleur insupportable ne les eût enfin forcés à se sauver dans leur camp. »

La terre était à ce point brûlante, qu'il était impossible d'y appliquer les mains. Les pieds brûlaient à travers la chaussure, et le cuivre et le plomb fondu coulaient en ruisseaux...

Les étrangers s'étonnaient de ce que les Russes semblaient considérer sans la moindre émotion leurs maisons en flammes. — La foi religieuse les soutenait sans doute, car ils mettaient les Images devant les habitations qu'ils quittaient en faisant le signe de la croix et cela tranquillement, sans se lamenter, sans pleurer, sans se tordre les mains.

Une bourgeoise, décidée à quitter la ville avec les autres, rendit visite à l'une de ses connaissances, une vieille femme, nommée M<sup>me</sup> Poliakoff, pour l'engager à la suivre.

« Je la trouvai, raconte-t-elle, près des Icones, allumant une lampe. Elle était elle-même parée comme pour une fête : toute en blanc, mouchoir blanc sur la tête. — Qu'est-ce qu'il y a donc, Babouchka (grand'mère)? Ne savez-vous pas que la maison commence à brûler? — Prenons vite vos bagages, vos effets, et avec l'aide de Dieu, allons-nous-en, nous sommes venus pour vous prendre. — Et elle de répondre : Merci, mes pigeonnes, de ne pas m'avoir oubliée. — Quant à moi, j'ai passé toute ma vie dans cette maison et je ne la quitterai pas vivante. — Aussitôt qu'elle a pris feu, j'ai mis ma chemise de noces et je me suis parée comme une morte : je me mettrai en prière, et c'est ainsi que la mort me trouvera. — Nous essayâmes de lui faire entendre raison : pourquoi donc courir au martyre quand le bon Dieu vous laisse le moyen de vous sauver la vie? — Je ne brûlerai pas, dit-elle, je serai asphyxiée avant que le feu m'atteigne; allez, partez, il est temps! — Voici déjà la fumée, et j'ai encore ma prière à faire. Disons-nous adieu, et, avec Dieu, partez!

» Nous l'avons embrassée en pleurant. Elle nous a bénis tous, les larmes aux yeux. — Pardonnez-moi, dit-elle, pauvre pécheresse, si je vous ai fait quelque tort, et quand vous verrez les miens, portez-leur mon dernier salut. — Nous nous inclinâmes jusqu'à terre, comme devant une morte — la chambre était déjà remplie de fumée. »

L'humble avoir du couvent de femmes de Saint-Alexis fut volé. Les soldats s'affublèrent des longs vêtements des nonnes; quelques-uns s'installèrent dans la cellule de l'Higouménia (supérieure), où ils firent la fête pendant deux jours, et engagèrent les jeunes religieuses à les rejoindre. — Une d'elles, on connaît son nom, alla de bonne volonté à cette honte.....

« Nous mourions d'envie, nous autres jeunes que nous étions encore là, raconte une religieuse, de savoir ce qui se passait dans la cellule. Nous nous étions entassées dans une chambre; nous en avons doucement ouvert la porte et avons commencé à sortir une à une. Voilà qu'une vieille nonne accourt: Où allez-vous? Rentrez tout de suite! Vous voilà prêtes à ouvrir de grands yeux sur les militaires

— effrontées que vous êtes! Voyez comme elles sont toutes rouges! Si vous étiez d'honnêtes filles, vous auriez pâli de frayeur.....

» Une de nos vieilles religieuses injuriait les Français chaque fois qu'elle les rencontrait.—Eux ne disaient rien. — Elle alla au puits prendre de l'eau. — Voilà qu'un Français accourt et veut l'aider à tirer le seau. — Ah! comme elle s'est jetée sur lui : Boire de l'eau tirée par tes mains impures! Va-t-en, maudit, ou je t'arrose! — Un autre se serait fâché. — Lui, il s'est mis à rire. »

Au couvent de la Nativité, les vieilles religieuses avaient inventé de frotter de suie, pour les défigurer, le visage des jeunes novices. — En traversant leur cour, elles rencontrent des soldats qui les entourent. Les vieilles crachent à terre avec dégoût en faisant signe que les jeunes sont noires et laides. — Les Français se mirent à rire. Il y avait tout près un tonneau d'eau. L'un d'eux leur en présenta en leur proposant de se laver. — Elles prirent peur et voulurent se sauver. — Les Français les rattrapèrent et commencèrent à les débarbouiller eux-mêmes. Vieilles et jeunes de crier et soldats, au contraire, de rire en disant : « Jolies filles! jolies filles! »

A en croire les attestations de nombreux témoins oculaires, les soldats français étaient moins cruels que leurs alliés, et, dans les rapports privés, ils étaient assez polis et même prévenants. — Si leur nom est attaché à toutes les monstruosités et cruautés commises pendant l'invasion, c'est que le Russe, jusqu'à présent, ne voulait rien connaître des Allemands, Saxons, Wurtembergeois, Bavarois, Polonais, Italiens et autres, et ne parlait que « du Français », sur qui il faisait retomber toute la responsabilité.

Autant que mes propres investigations ont pu me mettre à même de vérifier ces assertions, il est très vrai que les Français furent plus humains que les « alliés. ».

Ainsi un vieillard de mes voisins, à qui je demandais — sachant que les Français seuls avaient occupé son village — le souvenir qu'il en avait pu garder, m'a répondu : « Aucun, ils ne nous ont pas fait de mal. » Ils se nourrissaient seulement sur notre compte.

Tous les vases sacrés de l'église de ce village avaient été pillés tout d'abord. — Mais le curé alla trouver Murat, campé non loin de là et, les larmes aux yeux, le supplia de les lui faire rendre. — On les retrouva et on les lui rendit, comme en témoigne encore une inscription sur l'un de ces vases.

Le prêtre de l'église Kolominskoë m'a raconté, d'après son beau-père, qui était petit garçon au moment de l'invasion, que dans sa peur des Français il s'était caché dans un poêle et que, le soir arrivé, ayant perdu patience et ayant eu faim, il s'était mis à pleurer. — Les soldats le retirèrent et lui donnèrent du sucre d'abord, et à manger ensuite.

L'incendie eût pu avoir, dès le début, des conséquences terribles pour les envahisseurs dont l'imprévoyance et la légèreté étaient incroyables, si l'on s'en rapporte à Ségur : « Non seulement le Kremlin renfermait, à notre insu, un magasin à poudre, mais cette nuit-là même, les gardes endormis et placés négligemment avaient laissé tout un parc d'artillerie entrer et s'établir sous les fenêtres de Napoléon..... L'élite de l'armée et l'Empereur étaient perdus si une seule des flammèches qui volaient sur nos têtes s'était posée sur un seul caisson. C'est ainsi que pendant plusieurs heures, de chacune des étincelles qui traversaient les airs dépendait le sort de l'armée entière. »

Le courage des Moscovites provoquait l'admiration de l'ennemi : « Quoique nous ayons été les déplorables victimes de l'incendie, dit Labaume, nous ne pouvions néanmoins nous empêcher d'admirer le généreux dévouement des habitants de cette ville, qui à l'exemple des Espagnols se sont, par leur courage et leur persévérance, élevés à ce haut degré de véritable gloire qui caractérise la grandeur d'une nation..... »

Le même écrivain admire la fermeté des Russes condamnés à être fusillés : « Au moment de mourir, chacun d'eux se présentait au-devant de l'autre pour recevoir, le premier, le coup qui devait le séparer de son compagnon. Avec un air qui annonçait à la fois le calme et le courage, ils faisaient simplement le signe de la croix sur leur poitrine et tombaient sous le feu des soldats..... »

L'abbé Surrugues, prêtre catholique, témoin oculaire de ces horreurs, dit : « Le soldat ne respecta ni la pudeur d'un sexe timide, ni l'innocence de l'enfant au berceau, ni les cheveux blancs de la vieillesse..... Les infortunés habitants de la Sloboda, poursuivis de place en place par le feu, furent obligés de se refugier dans les cimetières..... En voyant ces malheureux, la consternation peinte sur le visage, au milieu des tombeaux, éclairés par le reflet des flammes, on eût dit autant de spectres sortis de leurs sépulcres..... Les vases sacrés, les images, tous les monuments consacrés par la piété des fidèles furent pillés ou traînés indignement dans les rues. On a vu les lieux saints transformés en corps de garde, en boucheries et en écuries..... Enfin la sainteté inviolable des tombeaux fut violée..... »

Jamais ville prise d'assaut ne fut témoin de pareils excès. Un officier avouait que, depuis la Révolution de France, il n'avait vu un tel désordre dans l'armée.....

Toutes les rues étaient jonchées de cadavres humains, étendus pêle-mêle avec ceux des chevaux et autres animaux qui avaient péri ou de besoin ou dans les flammes.....

L'auteur du *Journal de la guerre* confirme ces détails. « Ici, dit-il, on criait au meurtre et la voix des malheureux s'éteignait dans les flots de leur sang ; là, des habitants soutenaient un siège et défendaient leurs foyers déjà pillés et dévastés, contre des soldats exaspérés par l'ivresse et furieux de la résistance. D'un autre côté, on voyait des hommes et des femmes à peu près déshabillés, traînés dans les rues et menacés d'être égorgés s'ils ne déclaraient pas le lieu qui devait receler leurs prétendues richesses..... Les boutiques étaient toutes grandes ouvertes, les marchands en fuite, les marchandises éparpillées..... »

L'écrivain russe A. F. de B. précise encore ces détails : « Dès qu'une troupe de maraudeurs abandonnait une maison, une autre bande lui succédait, de manière à ne pas y laisser une seule chemise, pas une misérable chaussure. — On n'osait plus aller dans les rues..... Les militaires mêmes, donnés comme sauvegarde, commençaient à piller et imposaient silence aux malheureux habitants par leurs menaces et leurs voies de fait..... Quelques-uns, ayant perdu toute leur garde-robe, avaient été réduits à revêtir des habits de femme : On voyait des hommes coiffés d'élégants chapeaux à plumes ou à fleurs..... les épaules couvertes de palatines et les pieds emprisonnés dans les souliers de dame.....

» Les officiers français eux-mêmes prenaient part à cette ridicule mascarade. Il commençait à faire froid, les pelisses de satin garnies de fourrures étaient fort commodes pour s'en garantir et l'on portait même à cheval ces ajustements féminins par-dessus l'uniforme et l'attirail militaire.

» Quelles cachettes peuvent rester inconnues à

des hommes qui ont longtemps fait la guerre? Les cheminées, les poêles étaient brisés et visités avec soin ; on fouillait profondément la terre en y enfonçant des sabres ou des baïonnettes ; on allait jusqu'à, dans les cimetières, violer l'asile des morts, ouvrir les fosses nouvelles et visiter les cercueils..... On jetait les malades hors de leur lit pour fouiller dans les matelas..... Les caisses d'orangers et les vases de fleurs, dans les serres chaudes, étaient renversés parce qu'on soupçonnait qu'il pouvait y avoir de l'argent caché.

» Je dois ici rendre hommage à la vérité et dire que, de tous les peuples qui composait l'armée d'invasion, les Français se montrèrent les moins acharnés au pillage..... la justice seule m'arrache cet aveu..... Les Français, comme je l'ai dit, ne commettaient pas de dégâts inutiles. Leur politesse se manifestait au milieu même de leurs excès, et souvent elle présentait de bizarres contrastes..... De simples soldats entrèrent la nuit pour piller dans la maison d'un professeur dont la femme était sur le point d'accoucher. On les supplia de ne point l'effrayer et ils le promirent. En effet, ils s'approchèrent du lit sur la pointe des pieds, cachant leur chandelle avec la main. On leur ouvrit les commodes et tous les meubles où ils s'étaient engagés à ne rien prendre de ce qui appartenait à la dame. Cependant, avec toute leur obligeance, ils s'emparèrent, sans scrupule, de tous les effets à l'usage du mari. »

Un Anglais qui habitait Moscou fut plus malin que les pillards. Il creusa une grande fosse, y fit descendre ses coffres, et sans combler le trou entièrement, il y déposa le cadavre d'un soldat français qu'il recouvrit ensuite d'une légère couche de terre. Les Français ayant constaté qu'il devait y avoir quelque chose de caché se mirent à creuser, mais ne furent pas longs à quitter le travail à la vue de leur compatriote mort.

« Impossible de se figurer Moscou, dit Perovsky; les rues sont encombrées de meubles, d'effets de toutes sortes; partout résonnent le chant des soldats ivres, les cris des pillards qui se battent entre eux..... Des grenadiers à longues moustaches portent des vêtements de prêtres et des tricornes sur la tête; d'autres des pelisses de femmes et une étole autour du cou ou une mantille, un large pantalon et un casque, d'autres encore des manteaux blancs et des kakochnik rouges en guise de coiffure. — Un vieux brave se pavanait en surplis de diacre. On pouvait rencontrer un cavalier travesti en moine, le shako orné d'un plumet rouge ou des soldats enveloppés dans des jupons de femmes. — Quand ces soldats revenaient dans leurs campements, ainsi affublés, ils n'étaient reconnaissables qu'à leurs armes. — Ce qu'il y avait de pis, c'est que, comme leurs hommes, les officiers allaient de maisons en maisons pour piller, à moins que, moins audacieux, ils se bornassent à piller leur propre logement. Les généraux, eux-mêmes, sous prétexte de recherches, faisaient enlever pour eux les objets qui leur convenaient. »

M^me Fusil, une actrice française qui habitait à ce moment Moscou, a laissé des pages intéressantes sur ces journées lugubres : « Dans ma maison, raconte-t-elle, il y avait deux capitaines de gendarmerie de la garde. Tout était sens dessus dessous et mes papiers épars sur le plancher.....

» Je revins à la lueur des maisons incendiées, c'était une clarté affreuse, le feu gagnait avec une rapidité inconcevable. Le vent soufflait avec violence, il semblait que tout fût d'accord pour brûler cette malheureuse ville.....

» Le spectacle était vraiment une belle horreur..... Nous fûmes quatre nuits sans avoir besoin de lumière, il faisait plus clair qu'en plein midi.....

» Nous voulûmes prendre le chemin ordinaire du boulevard, — impossible de passer, le feu partout..... Lorsque nous fûmes à la moitié de la rue, le vent poussait la flamme d'une telle sorte qu'elle rejoignait l'autre côté et formait un dôme de feu. Cela peut paraître une exagération, mais c'est l'exacte vérité ; nous ne pouvions plus aller ni en avant, ni de côté..... On mit les chevaux au grand galop, et nous parvînmes à regagner le boulevard..... Cette maison où nous comptions rentrer paisiblement..... était en feu..... Nous allions de rue en rue, de maison en maison : Tout portait les marques de la dévastation.....

» Depuis la veille nous n'avions presque rien

pris; on descendit une table, quelques chaises qui étaient restées entières et l'on fit une espèce de dîner que l'on servit au milieu de la rue..... Qu'on se figure une table au milieu de la rue, où de tous côtés on voyait des maisons en flammes ou des ruines fumantes, une poussière de feu que le vent nous portait dans les yeux, des incendiaires fusillés près de nous, des soldats ivres, emportant le butin qu'ils venaient de piller..... »

Au milieu de cet état d'anxiété, de ces horreurs, on eut le cœur de donner des spectacles. On avait fait chercher tout ce qu'il y avait d'artistes dans la ville et l'on avait donné l'ordre aux uns de venir chanter au Kremlin, aux autres de jouer la comédie. Le théâtre fut organisé à la hâte dans la maison de Pozniakoff; on fit le choix des pièces. La toile et les costumes étaient en riches étoffes que fournissaient volontiers les soldats; l'éclairage était fourni par un grand lustre volé dans une église. L'orchestre fut constitué avec des musiciens des régiments; on cita deux Russes qui en firent partie.

L'Empereur, ni les maréchaux n'assistèrent à ces représentations; en revanche beaucoup de généraux et nombre d'officiers mêlés aux soldats, remplissaient la salle.

Les cierges pris dans les cathédrales furent utilisés dans quelques maisons épargnées par l'incendie et où l'on organisait des bals. Les Français réduits à valser les uns avec les autres ne tarissaient pas de questions à l'endroit des dames russes : Où sont donc vos barines, vos filles ? Et ils exprimaient leurs vifs regrets de ne pouvoir les faire danser.

Les conquérants menaient donc parfois joyeuse vie à Moscou. Nous pouvons en croire Bourgogne, dont nous transcrivons ici quelques pages :

« Comme si nous devions rester longtemps dans cette ville, nous avions en magasin, pour passer l'hiver, sept grandes caisses de vin de Champagne mousseux et beaucoup de vin d'Espagne, de Porto. Nous étions possesseurs de cinq cents bouteilles de rhum de la Jamaïque et plus de cent gros pains de sucre, tout cela pour six sous-officiers, un cuisinier et deux femmes. La viande était rare, cependant nous eûmes une vache..... Nous avions aussi beaucoup de jambons qu'on avait trouvés en grand nombre ; ajoutez à cela une grande quantité de poissons salés, quelques sacs de farine, deux grands tonneaux remplis de suif que nous avions pris pour du beurre ; la bière ne manquait pas.....

» On dormait dans la salle de billard ; on était couché sur de riches fourrures de martre, de zibeline, des peaux de lion, de renard et d'ours, la tête enveloppée de riches cachemires qui formaient un immense turban.....

» Ceux qui manquaient à l'appel rentraient chargés de ce que l'on peut s'imaginer de beau et de riche ; parmi les objets remarquables qu'ils rapportèrent, il se trouvait plusieurs plaques en argent, avec des dessins en relief. Ils apportaient aussi chacun un lingot du même métal, de la longueur et de la grosseur d'une brique ; le reste consistait en parures, schalls des Iudes, étoffes en soie, tissus d'or et d'argent.....

» Nous autres sous-officiers, nous prélevions toujours un droit de vingt pour cent au moins..... »

Vient ensuite le récit d'une fête improvisée : « Nous commençâmes par habiller nos femmes russes en dames françaises, c'est-à-dire en marquises, et, comme elles ne savaient comment s'y prendre, c'est Flamand et moi qui fûmes chargés de présider à leur toilette. Nos deux tailleurs russes étaient travestis en Chinois, moi en boyard, Flamand en marquis ; enfin chacun de nous prit un costume différent.

» Notre cantinière, la mère Dubois, qui survint dans le moment, mit sur elle le riche costume national d'une dame russe. Comme nous n'avions pas de perruques pour nos marquises, le perruquier de la compagnie les coiffa ; pour pommade, il leur mit du suif, et de la farine en guise de poudre ; elles étaient on ne peut pas mieux ficelées.

» Enfin, lorsque tout le monde fut prêt, nous nous mîmes en train de danser. Je dois dire que, pendant les apprêts du bal, nous buvions force punch, dont Mellet, le vieux dragon, avait soin de nous alimenter, et que nos marquises, ainsi que la cantinière, quoique supportant très bien la boisson, avaient déjà le cerveau troublé par suite des grands verres de punch qu'elles avalaient de temps à autre avec délices.

» Nous avions pour toute musique une flûte dont jouait le sergent-major, le tambour de la compagnie l'accompagnait en mesure.

» On commença par l'air : « On va leur percer le flanc… ran, ran, ran, tan plan, tire-lire, ran plan. » Mais à peine la musique avait-elle commencé, au moment où la mère Dubois allait en avant avec le fourrier de la compagnie, qui était son vis-à-vis, que voilà nos marquises, à qui probablement notre musique sauvage plaisait, qui se mettent à sauter comme des Tartares, allant à droite et à gauche, écartant les jambes, les bras, tombant sur le derrière, se relevant pour tomber encore, on aurait dit qu'elles avaient le diable au corps. Cela n'aurait été que très ordinaire pour nous si elles avaient été habillées avec leurs habits à la russe, mais voir des marquises françaises, qui généralement sont si graves, sauter comme des enragées, cela nous faisait pâmer de rire, de manière qu'il fut impossible au joueur de flûte de continuer ; notre tambour y suppléa en battant la charge. Alors nos marquises recommencèrent de plus belle, jusqu'au moment où elles tombèrent de lassitude sur le plancher. Nous les relevâmes en les applaudissant, ensuite nous recommençâmes à boire et à danser jusqu'à quatre heures du matin.

. . . . . . . . . . . . . . . . . .

» À la revue, après avoir presque tout vu, le colonel demanda : « Et les sous-officiers, comment sont-ils ? » — Très bien, répondit l'adjudant-major Roustan, et passant en avant, par la porte que nous avions faite pour communiquer avec la compagnie, il introduisit le colonel dans le logement que nous occupions, et aussitôt il se mit en train d'ouvrir les portes de nos chambres, et découvrit les oiseaux dans l'une d'elles, qu'il referma immédiatement et dont il conserva la clef sans rien dire. Lorsqu'il fut descendu dans la rue, et d'aussi loin qu'il m'aperçut, il me montra la clef et, s'approchant de moi en riant : — « Ah ! me dit-il, vous avez du gibier en cage et, comme des égoïstes, vous n'en faites point part à vos amis ; mais que diable faites-vous de ces drôlesses, et où les avez-vous pêchées, surtout lorsqu'on n'en voit nulle part ? » — Alors je lui contai comment et quand je les avais trouvées, je lui dis qu'elles nous servaient à blanchir notre linge. « Dans ce cas, nous dit-il, au sergent-major et à moi, vous voudrez bien me les prêter pour quelques jours, afin qu'elles blanchissent mes chemises, qui sont horriblement sales, et j'espère qu'en bons camarades, vous ne refuserez pas cela »…..

» Le même soir il les emmena. Il est probable qu'elles blanchirent toutes les chemises des officiers, car elles ne revinrent que sept jours après….. »

Il semble qu'on ne s'amusait pas moins au

Kremlin. — « A chaque porte de ce palais-forte-resse, dit l'auteur du *Journal de la guerre*, on trouvait des grenadiers de la garde en sentinelle; ils étaient affublés de pelisses moscovites, serrées à la ceinture par des schalls de cachemire; ils avaient à côté d'eux des pots en cristal opalisé, de quatre pieds de haut, remplis de confitures des fruits les plus recherchés et dans lesquels vases étaient de grandes cuillers à soupe en bois; autour de ces mêmes vases, étaient entassés une énorme quantité de flacons et de bouteilles auxquelles on cassait le col pour en avoir meilleur marché; quelques-uns de ces soldats s'étaient affublés de coiffures moscovites au lieu de leurs bonnets à poil; ils étaient tous plus ou moins ivres; ils avaient déposé leurs armes et c'était véritablement avec leurs cuillers à pot qu'ils montaient la garde..... »

Quoiqu'il eût été officiellement interdit, le pillage continua. Il fallut des ordres très sévères, la condamnation des mutins et de ceux qui refuseraient d'obéir, à être passés par les armes, pour produire un certain effet. — Mais le mal était immense et irréparable : treize mille huit cents maisons avaient été réduites en cendres et combien de palais. Les boutiques de six mille petits merciers réunis dans le même quartier et qui formaient comme une petite ville avaient disparu. D'immenses magasins étaient également brûlés.

Quand les habitants se hasardèrent peu à peu à sortir de leurs caves, ils ne reconnurent plus

Moscou. Ils ne retrouvèrent que des maisons isolées au milieu de ruines. — Des monceaux de débris consumés marquaient la place des rues, encombrées de cadavres d'hommes et d'animaux. On voyait beaucoup de pendus : c'étaient les incendiaires, vrais ou supposés, qui avaient d'abord été fusillés puis pendus et les soldats passaient d'un air indifférent.

L'armée avait du vin, du sucre en abondance; mais ni pain, ni viande. En vain, envoyait-on des détachements dans les forêts où s'étaient réfugiés les paysans avec leur bétail, les hommes revenaient les mains vides.

« Si dès le principe, dit pourtant l'abbé Surrugues que j'ai déjà cité, les autorités se fussent emparées des magasins de farine, de vin et d'eau-de-vie, en établissant un certain ordre pour la distribution des subsistances, il est démontré que la ville de Moscou eût pu être à l'abri du besoin pendant l'hiver entier..... »

Le résultat du pillage fut qu'à l'approche des froids, les objets de première nécessité manquèrent.

Les paysans du village Ostankino vinrent bien à Moscou avec trente chariots, chargés d'avoine et de farine qui furent achetées et payées. L'argent reçu, ils repartirent avec la recommandation de ne pas tarder à revenir. Mais à peine furent-ils sortis de Moscou qu'ils furent assaillis, roués de coups, volés et obligés de revenir à la ville où on les fit travailler de force. — Deux autres paysans qui avaient aussi livré de la marchandise aux

Français furent pillés, — l'un d'eux fut même tué. Dès lors il ne se trouva plus personne pour vouloir vendre aux soldats ou à l'armée ; malgré tous leurs efforts, de Lesseps, ancien consul général, devenu gouverneur civil de Moscou et ses assistants russes, ne réussirent pas à établir un marché libre et fréquenté.

Mais dans Moscou même les habitants moins craintifs et plus âpres au gain ne tardèrent pas à entrer en relations ouvertes avec leurs envahisseurs et il s'ensuivit des scènes où les coups de poing ou de crosse de fusil jouèrent parfois un rôle bien supérieur à celui de la parole.

Une grande quantité de cuivre monnayé, trouvé à la Monnaie, permit de payer leur solde aux soldats, avec des sacs dont chacun renfermait vingt-cinq roubles. — Dès que le peuple eût appris que la Garde Impériale allait vendre ces sacs, beaucoup, comme une volée d'oiseaux de proie, se dirigèrent vers la Nikolskaïa, centre principal du commerce. On y pouvait acheter, à cinquante kopecks ou un rouble d'argent la pièce, autant de sacs que l'on voulait. On dit que plusieurs des grandes maisons de commerce de Moscou, trouvèrent là le point de départ de leur fortune. — Le plus difficile était de se faire jour à travers la foule, sous le poids de ces sacs. Les femmes elles-mêmes en chargeaient sur leurs épaules, mais quelque main vigoureuse les en débarrassait et le voleur se sauvait, malgré les cris, les injures et les coups. C'était à qui aurait des sacs : Moussiou, moussiou, donnez..... Allez, allez..... Donnez, moussiou! Les coups de plat de sabre pleuvaient sur les mains tendues, mais on les supportait patiemment, le gain étant si près.

Le lendemain, quelques soldats s'installèrent aux fenêtres des bâtiments des tribunaux et y organisèrent un bureau de change. Après avoir reçu l'argent pour le sac de 25 roubles, ils le jetaient par la fenêtre. La foule se pressait autour des vendeurs et se précipitait sur les sacs, en dépit même des coups de fusil.

Il y avait pendant ces jours, à Moscou, trois débits de vin, tenus par des Français et servis par des Russes. Là aussi il ne manqua pas de cris, de querelles et de bousculades.

Beaucoup de soldats français furent tués dans les caves; aux alentours de la ville, on trouvait des cadavres dans les jardins, les potagers, au fond des puits.

Un élève du séminaire était au service d'un peloton de hussards qui logeaient à l'extrémité de la ville. Il vit, un soir, un individu qui observait du dehors, par les fenêtres éclairées, ce qui se passait dans la maison. — Qu'est-ce que vous faites là? cria-t-il. — L'homme se recula vivement, puis se rapprocha et interrogea le jeune homme, après l'avoir emmené dans le jardin et lui avoir montré, sous son caftan de gros drap, l'uniforme des Cosaques. — Il voulut savoir si les hussards étaient nombreux, s'ils couchaient tous dans la même chambre, où ils laissaient leurs armes, leurs chevaux, et recommanda la plus absolue discrétion à son interlocuteur. — Deux jours après un tumulte extraordinaire réveilla le séminariste : tous les hussards étaient tués.

Il y eut bien des cas pareils; les Français voyaient partout, et avec raison, « ces maudits Cosaques ».

Tout bien considéré, leur situation, à Moscou, n'était pas sans danger. Les proclamations dans lesquelles on vantait la sagesse, la charité et la grandeur d'âme de Napoléon, en invitant les habitants à rentrer chez eux et à se livrer en paix à leurs habituelles occupations, ne produisirent aucun effet.

Les relations ne se rétablirent guère entre les Moscovites et l'armée. Ceux qui passèrent à l'ennemi furent très rares, surtout dans la classe privilégiée. On n'en peut guère citer qu'un petit nombre, parmi lesquels l'écuyer Zagrïajsky, resté intentionnellement à Moscou, par complaisance pour Caulaincourt, son ami; puis encore Samsonoff, entré au service de Davout.

Le clergé de la capitale se conduisit avec beaucoup de dignité. Il fut au-dessus des défaillances qui se manifestèrent dans la Russie occidentale. — Quelques prêtres essayèrent de restaurer le culte, de célébrer à nouveau le service divin; ils faisaient nettoyer les églises, les fermaient à clef.

Mais les soldats brisaient les serrures, enfonçaient les portes, mettant en pièces les livres saints et commettant toutes sortes d'infamies.

Cependant un prêtre du couvent Novinsky, nommé Pilaeff, s'offrit, pour faire plaisir à Napoléon, à dire la messe dans la cathédrale de l'Assomption. Sur le désir de l'Empereur, il célébra le service divin pontificalement, revêtu d'ornements épiscopaux.

Il y avait bien des gens pour exploiter la position embarrassée de Napoléon : Un Polonais, qui semblait homme de bonne compagnie, vint au Kremlin déclarer qu'il était chargé, par le commandant en chef des forces russes, d'un service d'informations. — Napoléon dicta lui-même au soidisant espion les réponses qu'il devait transmettre au général russe, le paya grassement et ne le revit jamais.

Une belle dame, excellente musicienne, baronne allemande, disait-elle, offrit aussi ses services, reçut quelques milliers de francs et disparut.

C'est parmi les marchands des trois Guildes qu'il se trouva le plus grand nombre de personnes prêtes à entrer au service du vainqueur, comme aussi parmi les fonctionnaires, les médecins et les étrangers.

La plupart des notables avaient été contraints d'entrer dans les bureaux et les services de la municipalité. Les membres de cette dernière portaient au bras un nœud de rubans blancs et rouges et avaient le droit de requérir la force armée, en cas de nécessité.

Le marchand Koltchouguine, par exemple, explique le parti qu'il prit de ne pas quitter Moscou par trois raisons : d'abord, parce que le gouverneur général avait assuré que la ville ne serait pas évacuée volontairement; ensuite, parce que l'on ne devait donner de passe-ports qu'aux femmes et aux enfants; en troisième lieu, à cause de ses affaires de famille et de commerce. Tous les autres auraient pu invoquer les mêmes raisons et d'ailleurs les plus importants, Koroboff, Bakinine, Leschakoff, et surtout Nahodkine, qui avait dû accepter les fonctions de maire, affirmaient qu'on leur promit de ne rien faire contre la foi, ni l'Empereur Alexandre; le gouverneur de Lesseps assurant que le différend entre les deux Empereurs n'était pas de leur compétence et que leur seul devoir était de veiller à la sécurité et à la prospérité de la ville. Le marchand Ossipoff offrit à Napoléon pain et sel sur un plat d'argent : Ce cadeau valut à sa maison d'être épargnée, et il fut chargé des approvisionnements de l'armée. Mais lorsqu'il demanda des chariots pour les transports, l'Empereur lui fit dire qu'il le ferait pendre, s'il insistait.

Le maire de Moscou, cité plus haut, Nahodkine, reçut pour ses services, comme honoraires, cent mille roubles; il est vrai que ce fut en faux billets.

Après l'évacuation de Moscou, Rostopchin obligea ces messieurs à balayer la neige dans les rues, leur nœud de rubans blancs et rouges au bras, sous la surveillance des soldats.

Le marchand Jdanoff eut une conduite bien différente. Recommandé par Samsonoff, signalé tout à l'heure comme un dévoué du maréchal Davout, ce dernier lui confia la mission d'aller à Kalouga, de s'y renseigner sur les mouvements de l'armée russe, sur ses chefs et de savoir si les effectifs des régiments avaient été complétés après la bataille de Borodino ; et enfin, ce qu'on disait de la paix. Il était chargé de répandre le bruit que le pain ne manquait pas à Moscou et que l'Empereur comptait y passer l'hiver. — Si l'armée russe s'était dirigée sur Smolensk, il avait l'ordre de revenir au plus vite, sans aller jusqu'à Kalouga. — Toutes les précautions étaient bien prises : sa famille à Moscou répondait de la franchise avec laquelle il exécuterait sa mission. Au retour de cette mission il devait toucher mille ducats et devenir propriétaire d'une maison.

Jdanoff n'hésita pas. Il alla trouver le chef de l'avant-garde russe Miloradovitch, lui expliqua les raisons de son départ de Moscou et quels services les Français attendaient de lui. — Il resta naturellement avec ses compatriotes et, par surcroît de bonheur, sa famille fut également sauvée.

On peut reprocher à Rostopchin d'être resté inactif pendant le séjour des troupes ennemies à Moscou et de n'avoir pas, comme il en avait le

pouvoir et les moyens, organisé la guerre de partisans. — Il faut aussi lui reprocher son plan absurde
d'armer au dernier moment, pour sauver la ville,
une bande de misérables; il faut lui reprocher les
phrases pompeuses et les jeux de mots dont il rem-
plissait les rapports à son souverain : on peut, en
un mot, conclure qu'il n'était pas à la hauteur des
circonstances.

L'armée française n'en dut pas moins quitter
Moscou. Il n'y avait plus d'illusions à se faire et
les trois cents pièces de canon dont on avait armé
les murs du Kremlin étaient d'avance inutiles. —
Mais le Kremlin devait être victime de ce qu'il
ne pouvait être emmené comme on avait fait de la
croix d'Ivan Veliki et de nombreux autres trophées.
Ordre fut donné de faire sauter les tours, les murs,
les cathédrales, les palais qui constituaient la célèbre forteresse des anciens Tzars.

Certes, la destruction du Kremlin fut l'expression
de la vengeance de Napoléon, aussi cruelle qu'inutile. Elle ne peut trouver une excuse dans la politique, dans la nécessité d'empêcher l'ennemi de
s'établir dans cette forteresse et de s'y défendre, le
Kremlin n'étant autre chose qu'une place en-
tourée d'un mur.

Quand l'évacuation fut décidée, le maréchal
Mortier fut désigné pour rester avec la jeune Garde
à Moscou. Il reçut l'ordre de démentir les bruits
relatifs à cette évacuation, sous prétexte que
Napoléon avait résolu de revenir après avoir

battu les troupes russes, qu'il allait chercher. On n'ajouta aucune foi à ces déclarations, et tous, à commencer par les commerçants français, pour finir aux prostituées, tous se mirent à suivre la Grande Armée.

Sauf la Garde Impériale, les soldats sortaient de Moscou à la débandade, affublés de costumes grotesques ou misérables qui en faisaient parfois de véritables épouvantails.

Le feu ne devait atteindre l'immense amas de poudre renfermé dans les souterrains du Kremlin qu'après le départ de Mortier et des troupes qu'il commandait et tout ce que l'on ne pouvait emporter devait être impitoyablement livré aux flammes. Les mines étaient tellement disposées que le feu n'y prit que quand la garnison se trouvait déjà à une grande distance.

« Il faisait une nuit excessivement sombre, dit M. A. F. de B. A minuit le feu prit aux bâtiments de l'arsenal du Kremlin et l'on entendit la première explosion, qui, à de courts intervalles, fut suivie de six autres. — Rien n'était plus terrible ; les pierres de taille furent lancées à cinq cents pas. Dans tous les environs les portes furent enfoncées et les fenêtres brisées. Il ne resta pas un seul carreau de vitre et les débris du verre furent incrustés dans les murailles circonvoisines ; les pierres volaient par les fenêtres au milieu des chambres..... Des tours et une partie des murailles furent renversées. — L'arsenal fut presque détruit ; le clocher

d'Ivan Véliki vacilla et fut crevassé, mais il résista
à la secousse. »

La rage de Napoléon avait donc été impuissante,
malgré les désastres qu'elle accumulait. Il tombait
une pluie froide ; la première secousse de l'explosion fit l'effet d'un tremblement de terre ; les édifices furent remués jusque dans leurs fondements ;
les murailles se séparèrent, les toits craquèrent et
menacèrent de tout écraser ; tous les meubles furent
brisés ou déplacés.....

Un grand nombre d'habitants infortunés étaient
meurtris et tout en sang par les éclats de verre ou
par la chute des bois de charpente..... Cette nuit
effroyable a coûté la vie à un grand nombre d'individus ; il n'en est aucun qui n'ait eu la fièvre ou ne
se soit trouvé plus ou moins grièvement malade.
(Récit de A. F. de B.)

M^me Fusil dit que l'explosion fut si terrible que
des femmes accouchèrent de peur ; d'autres devin-
rent folles et des enfants moururent de frayeur et
de la commotion..... On voulait faire sauter le
reste de la ville de la même manière ; fort heureusement on n'en eut pas le temps.

« Le jour même du départ des Français, raconte
une femme russe, nous fûmes réveillés dans notre
cave par un tel fracas que nous n'en pûmes revenir
à nous. La terre tremblait sous nos pieds et il me
semblait que les murs de la cave allaient crouler et
nous ensevelir. A la seconde explosion une grêle
de pierres vola dans toutes les directions ; à la troi-

sième, l'église fut tellement ébranlée qu'elle fut crevassée de haut en bas. — Les murailles du Kremlin étaient détruites et un tas de décombres et de briques marquait l'endroit ou s'élevait autrefois le palais. Non seulement la place du Kremlin, mais toute la Polïanka ainsi que le terrain au delà de la rivière étaient couverts de plâtras, de briques et de plaques de métal arrachées aux toits. »

J'emprunte aussi aux mémoires de Ségur la description de la catastrophe : « Le 23 octobre, dit-il, à une heure et demie du matin l'air avait été ébranlé par une effrayante explosion.....

» Mortier avait obéi ; le Kremlin n'existait plus ; des tonneaux de poudre avaient été placés dans toutes les salles du palais des Tzars, et cent quatre-vingt-trois milliers sous les voûtes qui les soutenaient.

» Le maréchal, avec trois mille hommes, était resté sur ce volcan, qu'un obus russe pouvait faire éclater. Là, il couvrait la marche de l'armée sur Kalouga et la retraite de nos différents convois vers Mojaïsk.....

» Il avait ordre de défendre le Kremlin, puis, en se retirant, de le faire sauter et d'incendier les restes de la ville.....

» La terre trembla sous les pas de Mortier. A six lieues plus loin, à Fominskoë, l'Empereur entendit cette explosion ; et lui-même, avec cet accent de colère dont il parlait quelquefois à l'Europe, il proclame le lendemain, en date de Borawsk :

« Que le Kremlin, arsenal, magasins, tout est détruit ; que cette ancienne citadelle qui datait des commencements de la monarchie, ce premier palais des Tzars, ont été ; que désormais Moscou n'est plus qu'un amas de décombres, qu'un cloaque impur et malsain, sans importance politique ni militaire ! Il l'abandonne aux mendiants et aux pillards russes pour marcher sur Kutusoff, déborder l'aile gauche de ce général, le rejeter en arrière et gagner ensuite tranquillement les bords de la Duna, où il prendra ses quartiers d'hiver. »

» Puis, craignant de paraître reculer, il ajoute : « Qu'ainsi il se sera rapproché de quatre-vingts lieues de Wilna et de Pétersbourg ; double avantage, c'est-à-dire de vingt marches plus près des moyens et du but. » — Par là il veut donner à sa retraite l'air d'une marche offensive. »

. . . . . . . . . . . . . . . . .

« Moscou, dit M^me Fusil, avait un charme qui ne pourra plus s'y retrouver ; ce sera peut-être une fort belle ville ; mais elle ressemblera aux autres au lieu que c'était ce qu'on peut se figurer de Pékin ou d'Ispahan, une ville d'Asie..... »

# LES COSAQUES

En quittant Moscou, la Grande Armée tomba entre les mains des Cosaques qui l'entourèrent et la poursuivirent jusqu'à la frontière et même au delà. Ils l'obsédaient tellement que le mot « Cosaque » donna bientôt l'impression de « Terreur » non seulement en France, mais dans l'Europe entière. Le mot « Cosaque » caractérisait tout ce qu'il y a d'avide, de perfide, de barbare. — Cependant, en poursuivant et détruisant l'ennemi, les Cosaques ne faisaient, en somme, que remplir leur devoir. Parfois, sans doute, ils ont commis des cruautés, mais ils faisaient souvent aussi preuve d'humanité.

« Les Cosaques, dit Constant, le fidèle valet de chambre de l'Empereur, semblent faits pour être éternellement accolés à un cheval. Rien de plus plaisant que leur marche lorsqu'ils descendent à terre. Leurs jambes que l'habitude de presser les flancs d'un cheval rend très écartées, ressemblent assez à des branches de tenailles. Quand ils mettent pied à terre ils ont l'air d'être sur un élément qui n'est pas le leur.

» L'Empereur entra dans Gjatsk escorté par deux de ces barbares à cheval..... L'Empereur leur fit donner de l'eau-de-vie ; ils l'avalaient comme de l'eau pure et tendaient de nouveau leurs verres avec un sang-froid très plaisant. — Leurs chevaux étaient petits, écourtés, à longues queues. Ces animaux paraissaient très dociles. »

Sur le chemin de Mojaïsk, trois cents Cosaques attaquèrent, la nuit, un convoi de trois cent cinquante chariots, protégé par une escorte de quatre régiments de cavalerie et de deux bataillons d'infanterie. En un clin d'œil les attelages de tous les chariots furent si détériorés qu'il devint impossible aux convoyeurs d'aller plus loin.

Le baron Fain juge quelque peu ironiquement leur tactique : « Si Kutusoff est faible en ligne de bataille, il n'a jamais été si puissant sur les grands chemins..... L'audace de ses hordes indisciplinées n'a pas de bornes. Nous les avons devant nous, derrière nous, sur nos flancs ; à chaque pas nous les trouvons. Une seule route peut nous en éloigner pour quelques jours, c'est celle de Viazma ».

Mais depuis le combat de ce même nom, l'infanterie russe, qui avait pris un chemin latéral pour couper la route aux Français, ne reparut plus et l'arrière-garde de Ney eut encore affaire aux Cosaques. — Insectes importuns — suivant l'expression de Ségur — montés sur leurs petits chevaux, ferrés à glace et dressés à courir sur la neige, ils ne lâchèrent pas prise.

« Au milieu de cet étrange désordre, qui était pour nous l'état habituel et qui seul eût été suffisant pour nous détruire, dit René Rourgeois, les Cosaques tombaient à chaque instant sur nous..... Dès qu'on les apercevait, il se faisait spontanément un large vide dans le lieu de la colonne qu'ils menaçaient : les uns fuyaient en avant avec précipitation et les autres se repliaient vers la Garde et vers quelques pelotons qu'on trouvait encore par intervalles..... »

Un autre témoin, A. F. de B, ajoute à ce tableau : « Le nombre des militaires marchant isolément était si considérable que les Cosaques choisissaient leurs prisonniers ; ils prenaient ceux qui leur semblaient les mieux vêtus et qu'ils présumaient avoir du butin ; ils laissaient passer les autres, sans paraître les remarquer..... »

« Cette misérable cavalerie, qui ne fait que du bruit et n'est pas capable d'enfoncer une compagnie de voltigeurs, se rendit redoutable à la faveur des circonstances..... » Tel fut le jugement de Napoléon sur les Cosaques, exprimé dans un de ses bulletins. Cependant Platoff a détruit presque entièrement la division Beauharnais. Il tua plus de 1.500 hommes et fit 3.500 prisonniers. Il prit 62 pièces de canon, des étendards, beaucoup de bagages.....

Napoléon ne comprenait pas et surtout ne voulait pas comprendre que la cavalerie cosaque était unique dans son genre et ne ressemblait aucunement à la cavalerie régulière. Elle n'intervenait dans le combat que lorsqu'elle était sûre de la victoire; il lui aurait fallu voir le Cosaque qui, ayant endossé l'uniforme du maréchal Ney, le brave des braves, vaquait tranquillement à ses occupations, pour comprendre jusqu'où allait l'audace naïve de ces fils des steppes.

« C'est un fait historique, écrit Constant, que le roi de Naples en imposait beaucoup à ces barbares. On vint annoncer un jour à l'Empereur qu'ils voulaient le nommer leur Hetman. L'Empereur rit beaucoup de leur offre et dit en plaisantant qu'il était prêt à appuyer cette élection d'une peuplade libre. Il est certain que le roi de Naples avait dans son extérieur quelque chose de théâtral qui fascinait les yeux de ces barbares..... on a dit qu'il en avait, en agitant seulement son grand sabre, fait rebrousser toute une horde..... »

L'auteur du *Journal de la guerre* raconte que, malgré leur position critique, les soldats rirent un jour de bon cœur : « Un des Cosaques qui les attaquait avait pris un énorme rouleau de toile fine, et comme il n'avait pu le saisir que par un bout, il le déroulait en galopant, et l'homme était déjà dans le fond du bois, tandis que le reste du rouleau se trouvait encore à portée, ce qui de loin faisait l'effet d'un immense serpent blanc. »

Les Cosaques prirent un jour les bagages de Napoléon et leur admiration fut particulièrement éveillée par les bouteilles de vieux « Château-

Margaux » marquées de la lettre N et ornées de la couronne impériale. — Les lits de camp de Napoléon, enlevés par les Cosaques et qui sont conservés au Musée des Armures, à Moscou, sont aussi intéressants ; il y en a deux, un grand et un petit. Le premier se dressait dans les endroits où l'on comptait séjourner quelque temps. Les housses étaient en soie, de couleur lilas, garnies de poches où l'on mettait les papiers, les livres et les rapports arrivés et lus la nuit.

Les rapports entre prisonniers français et Cosaques vainqueurs furent quelquefois empreints de la plus aimable cordialité, si l'on ajoute foi au récit suivant de l'auteur du *Journal de la guerre* : « Notre artillerie nous ayant été prise, les artilleurs furent emmenés avec elle, après avoir été désarmés et garrottés. Le soir de ce même jour, les Coaaques qui les avaient capturés jouirent de leur triomphe et déjà saouls comme des grives, voulaient célébrer une journée si belle pour eux et si fâcheuse pour nous, par des danses nationales et des libations où l'eau-de-vie ne fut pas épargnée ; leurs cœurs se dilatèrent de joie ; ils voulurent que tout le monde la partageât, et se rappelant leurs prisonniers, ils furent les inviter à prendre leur part de la félicité générale. — Nos pauvres artilleurs ne songèrent d'abord qu'à se refaire un peu de leurs fatigues mortelles, mais, petit à petit, restaurés par les bons traitements qu'on leur prodiguait, ils se mêlèrent aux danses et participèrent aux divertissements de leurs vainqueurs avec une cordialité parfaite. Cette conduite leur attira l'estime et la tendresse des Cosaques, et quand la bienveillance réciproque fut parvenue à son comble, nos Français reprirent leurs habits et leurs shakos, ainsi que toutes leurs armes, ils donnèrent force poignées de mains à leurs nouveaux amis qui les embrassèrent, et ils prirent congé les uns des autres avec une aménité qui n'était nullement partagée par leurs souverains. »

Ces relations charitables et cordiales entre les soldats des deux armées sont aussi signalées dans les récits d'un « marin de la Garde » prisonnier : bien qu'il soit un peu long, j'ai plaisir à transcrire ici cet extrait qui termine d'une façon consolante mes notes relatives aux Cosaques et à leurs « *exploits* ».

« Pendant que nous nous chauffions auprès de plusieurs grosses bûches de sapin, vint un Cosaque, grand, sec et maigre ; il avait une physionomie si farouche qu'à son aspect nous ne pûmes nous empêcher de reculer.

» Il s'approcha de nous militairement, et débita avec une extrême volubilité quelques phrases dont il nous fut impossible de saisir le sens. C'était sans doute des questions qu'il nous adressait. — Impatienté de ne pouvoir se faire comprendre, il eut un mouvement de dépit qui nous inquiéta. Mais au même instant, il donna à ses traits un caractère de bienveillance et s'apercevant que les vêtements de mon camarade étaient teints de sang, il témoigna le désir de voir sa blessure, et nous fit signe de le suivre. — Il nous conduisit à la cabane la plus proche, dont il se fit ouvrir la porte. Une femme se présenta ; il lui ordonna d'arranger sur-le-champ un lit de paille, et de faire chauffer de l'eau, puis il sortit en nous indiquant qu'il allait revenir. Elle disposa bien quelques brins de paille, mais elle oubliait l'eau qu'elle devait faire chauffer et nous n'osions pas trop lui rappeler cette recommanda-tion expresse du Cosaque.

» Lorsqu'il rentra, il nous demanda par un geste rapide si nous avions mangé. — Notre réponse fut un mouvement négatif de la tête. — Sans doute, il avait aussi exigé de la femme qu'elle nous donnât à souper, car il l'appela et la tança fortement sur sa négligence ou sur son refus.

» Alors elle lui montra un petit baquet dans lequel étaient des fèves et sembla lui dire que c'était là tout ce qu'elle possédait : nous n'en crûmes rien. Le Cosaque fit du bruit et menaça, mais sans résultat ; tout ce qu'il put obtenir fut qu'elle fît chauffer de l'eau. Il s'absenta encore ; quelques minutes après, il nous apporta un morceau de hure dans lequel nous mordîmes en affamés, bien qu'il fût à peine cuit. Pendant que nous mangions, ce bon Cosaque nous regardait d'un air de satisfaction et en même temps, avec la main, il nous retenait, afin de nous obliger à modérer notre appétit.

» Notre repas terminé, il parla de nouveau à la

femme et par l'échange de leurs gestes, nous jugeâmes qu'il s'agissait de nous panser ; il lui demandait des morceaux de vieux linge ; mais elle de se débattre et de répondre : nyema, nyet, ce qui, on ne le sait que trop, signifiait « je n'ai rien ». Alors ce digne soldat, l'ayant saisie par le bras, la força de fouiller dans tous les recoins de la cabane ; mais la perquisition fut vaine. Irrité de tant d'opiniàtreté, il tire son sabre : la paysanne pousse un cri d'épouvante et nous, persuadés qu'il va frapper, nous tombons à ses pieds, en le conjurant d'apaiser ce trop généreux courroux. « Vous ne me connaissez pas », telle fut l'expression d'un sourire que nous interprétàmes aisément. Ce brave homme n'avait voulu que l'effrayer.

» La femme tremblait de tous ses membres. Cependant, comme elle n'en était pas plus empressée, il ôta son uniforme, se dépouilla de sa chemise, la coupa avec son sabre pour en faire des bandes et se mit à panser nos blessures. Durant cette opération, il parlait beaucoup, entremêlant son discours animé de mots polonais et allemands ; mais si ce jargon était inintelligible pour nous, ses actions révélaient assez la noblesse de ses sentiments.

» Il s'étudiait surtout à nous faire comprendre qu'il faisait la guerre depuis plus de vingt ans (il pouvait en avoir quarante), qu'il avait assisté à plusieurs grandes batailles, et qu'il savait comment on doit en user après la victoire, envers le courage malheureux. Il porta la main sur ses décorations, comme pour nous indiquer que ces témoignages non équivoques de sa bravoure lui imposaient de nobles devoirs. — Nous ne pouvions qu'applaudir à tant de générosité ; il dut lire dans nos traits l'expression de notre vive reconnaissance. J'aurais voulu lui dire : « Camarade, crois que ton bienfait ne s'effacera jamais de notre mémoire ; tu n'as ici que nous deux pour témoins de ton humanité touchante; car cette femme est incapable de l'apprécier ; mais dis-nous ton nom, que nous puissions l'apprendre à nos frères d'armes. »

» Il était à genoux, mais bientôt cette position le fatiguant, il s'assit par terre et plaça entre ses jambes mon camarade qui lui présentait le dos ; il lava, nettoya l'épaule avec un soin et une attention extrêmes; et ayant l'air de prendre mon avis, il semblait parler d'extraire, à l'aide d'un mauvais couteau, la balle qui était engagée dans les chairs. Il essaya d'écarter doucement les bords de la plaie ; mais mon camarade ayant poussé un cri involontaire, il s'arrêta tout court, et appuyant sa tête sur celle du blessé, il lui demanda pardon de l'avoir fait souffrir. — Ce fut alors que saisi d'admiration pour une aussi tendre sollicitude, je pris une de ses mains que je serrai fortement dans les miennes. Recueillant dans mes souvenirs tout ce que je pouvais savoir de polonais, de russe, d'allemand, je voulus parler, mais mon émotion était trop vive : mes yeux s'étaient remplis de larmes. — « Dobré, Dobré ». Camarade, bien! bien ! me dit-il, en se dépêchant d'achever le pansement pour lequel il paraissait craindre de n'avoir pas le temps nécessaire.

» Quand ce fut mon tour, il examina mes blessures. Le bon Cosaque, appuyant le pouce sur l'extrémité de son petit doigt, m'indiqua qu'elles avaient à peine quelques lignes de profondeur et qu'elles se fermeraient d'elles-mêmes : Il fallait donc que les fers de lance dont j'avais été atteint fussent émoussés ou que les coups portés de trop loin eussent été amortis par mes vêtements.

» Il était encore à nous prodiguer ses soins, quand un de ses camarades appela du dehors : « Paulawski »; voilà comment j'appris son nom. Il se retira en emportant nos bénédictions.

» Nous pensions ne plus le revoir; mais le lendemain de très bonne heure il revint et voulut visiter l'appareil qu'il avait mis sur nos blessures.

» Il nous apportait deux morceaux de soukari, (biscuit), de quelques onces, en nous exprimant le regret de ne pouvoir faire davantage..... »

# L'ARMÉE FRANÇAISE
## EN RUSSIE

---

Le général russe Grabbe, qui avait, pendant l'invasion, visité le camp français, fut étonné du désordre qui régnait dans la cavalerie.

Cette impression est accentuée par Fezensac : « Je fus frappé dès les premiers jours de l'épuisement des troupes et de leur faiblesse numérique. Au grand quartier général on ne jugeait que les résultats, sans penser à ce qu'ils coûtaient et l'on n'avait aucune idée de la situation de l'armée.....

» Quatre régiments de cavalerie étaient réduits à 900 hommes, de 2.800 qui avaient passé le Rhin.....

» Toutes les parties de l'habillement et surtout la chaussure étaient en mauvais état ; nous avions alors encore assez de farine et quelques troupeaux de bœufs et de moutons ; mais ces ressources devaient bientôt s'épuiser ; pour les renouveler, il fallait changer sans cesse de place, puisque nous ravagions en vingt-quatre heures les pays que nous traversions..... »

Dans une conversation que l'Empereur eut à Witebsk avec M. de Narbonne il évaluait à 130.000 hommes les deux armées russes réunies devant Smolensk; il comptait en avoir 170.000 avec la Garde, les 1er, 3e, 4e, 5e et 8e corps; si l'on évitait la bataille, il ne dépasserait pas Smolensk; s'il remportait une victoire complète, peut-être marcherait-il droit à Moscou; mais dans tous les cas une bataille, même indécise, lui paraissait un grand acheminement vers la paix.

A Smolensk et au combat de Valoutina, René Bourgeois et Fezensac s'accordent à évaluer les pertes françaises de 6 à 8.000 tués, et à plus de 10.000 blessés. Les Russes subirent à peu près les mêmes pertes, sinon de plus considérables. Avec les prisonniers et les traînards, la Grande Armée laissait là près de 20.000 combattants.

Cependant l'Empereur affirme dans son XIIIe Bulletin que, sur le champ de bataille, il y avait un cadavre français sur huit cadavres russes et que les soldats du Tzar profitaient de la proximité de leurs villages pour déserter. — Il doit pourtant avouer que le général Sebastiani a été battu et a opéré sa retraite, mais il n'estime les pertes qu'à une centaine d'hommes, et comme le recul d'un des meilleurs généraux pouvait être considéré comme un échec sérieux et produire une pénible impression sur toute l'armée, l'Empereur marcha sur Moscou.

A ce moment, Labaume fixe en quelques traits

la situation : « Pour achever de peindre notre détresse au milieu de notre apparente victoire, il suffit de dire qu'on était las de marcher, découragé par l'inflexibilité des Russes. La cavalerie touchait à sa ruine et les chevaux d'artillerie, épuisés par la mauvaise nourriture, ne pouvaient plus traîner les pièces. »

Tout cela se passait au commencement de la campagne.

Loin de s'effrayer de pareils débuts, Napoléon se riait des Russes : Au milieu de toutes les défaites qu'ils considèrent comme des victoires, écrit-il dans son XIXᵉ Bulletin, les Russes chantent des *Te Deum* d'actions de grâces, ce qui paraît drôle et grotesque, malgré l'ignorance et le peu de développement de ces peuples.

A la bataille de Borodino-Moskova, où les retranchements étaient à peine ébauchés, où les fossés peu profonds n'étaient ni palissadés ni fraisés, les Russes s'étaient héroïquement défendus.

« L'intérieur de la redoute, raconte Labaume, présentait un effrayant tableau ; les cadavres étaient jonchés les uns contre les autres ..... Tous les soldats russes qui étaient dans la redoute, périrent plutôt que de se rendre ..... Sur un espace d'environ une lieue carrée, il n'y avait pas un endroit qui ne fût couvert de morts ou de blessés ..... on voyait sur cette plaine des montagnes de cadavres, et le peu d'endroits où il n'y en avait pas étaient couverts par des débris d'armes, de lances, de casques ou de cuirasses ; ou bien par des biscaïens aussi nombreux que des grêlons après un violent orage ; mais le plus effrayant à voir était l'intérieur des ravins..... C'est là que les malheureux blessés, entassés les uns sur les autres et nageant dans leur sang, poussaient des gémissements horribles, invoquant à grand cris la mort..... »

Jamais encore l'armée française n'avait subi de pertes aussi immenses qu'à Borodino. Jamais elle n'avait été plus abattue qu'après ce succès. Plus de ces chants, de ces plaisanteries qui, d'ordinaire, faisaient oublier les fatigues de la marche. Dans les bivouacs, un morne silence. — Les officiers eux-mêmes semblaient découragés. « Je me rendis au bivouac du général Eblé, dit Dumas, et je passai une soirée avec cet excellent officier. Je n'oublierai jamais les réflexions de ce brave général et ses pressentiments sur l'issue de notre gigantesque expédition..... »

D'après les renseignements russes, qui contredisent ceux de Napoléon, les Français auraient perdu plus de 50.000 hommes, 1.200 officiers et 49 généraux ! Les Russes, de leur côté, avouaient jusqu'à 40.000 tués ou blessés, 1.732 officiers et 18 généraux. Ce qui contribua considérablement à augmenter le nombre des victimes, c'est que, pendant les huit jours qui précédèrent le combat, les soldats n'eurent à manger que des racines et à boire que de l'eau (Labaume).

« L'armée française, constate Ségur, forte de

130.000 hommes la veille de la grande bataille, avait perdu environ 40.000 hommes à Borodino; restaient 90.000 hommes. — Des régiments de marche et les divisions Laborde et Pino allaient la rejoindre ; elle était donc forte de 100.000 hommes en arrivant devant Moscou. »

Le nombre des chevaux des cuirassiers était tombé à 800 de 3.600 qu'ils étaient. Il est vrai qu'ils avaient chargé à Borodino et que, sous les ordres de Montbrun, qui y fut tué, leurs cavaliers avaient enlevé la redoute, célèbre depuis.

Dans Moscou l'état de l'armée ne fut pas brillant. — Une misère réelle était masquée par une abondance apparente. — « Nous n'avions ni pain, ni viande, dit Labaume, et nos tables étaient couvertes de sucreries, de liqueurs et de bonbons..... Celui qui avait du drap l'offrait pour du vin et celui qui avait une pelisse pouvait en retirer beaucoup de sucre et du café.....

» Notre camp ne ressemblait pas à une armée, mais bien à une grande foire où chaque soldat, métamorphosé en marchand, vendait à vil prix les choses les plus précieuses et quoique campé dans les champs, exposé aux injures du temps, par un contraste singulier, il mangeait dans des assiettes de porcelaine, buvait dans des vases d'argent et possédait tout ce que le luxe avait imaginé de plus riche et de plus élégant pour les commodités de la vie. »

La plus grande partie de l'armée, campée hors

de la ville, fut continuellement harcelée par l'ennemi. Ségur entre dans des détails intéressants :
« L'armistice n'existait que pour le front des deux camps et non pour leurs flancs..... On ne pouvait amener un convoi, ni faire un fourrage sans combattre; de sorte que la guerre continuait partout, excepté où elle pouvait nous être favorable.

» Pendant les premiers jours qui suivirent, Murat se complut à se montrer aux avant-postes ennemis. Là il jouissait des regards que sa bonne mine, sa réputation de bravoure et son rang attiraient sur lui. Les chefs russes n'eurent garde de le dégoûter. Ils le comblèrent de toutes les marques de déférence propres à entretenir son illusion. — Il pouvait ordonner à leurs vedettes comme aux Français. Si quelque partie du terrain qu'ils occupaient lui convenaient, ils s'empressaient de la lui céder.

» Des chefs cosaques allèrent jusqu'à feindre l'enthousiasme et à dire qu'ils ne reconnaissaient plus pour Empereur que celui qui régnait à Moscou. Murat crut un instant qu'ils ne se battraient plus contre lui. — Il alla plus loin. — On entendit Napoléon s'écrier en lisant ses lettres : « Murat ! roi des Cosaques! Quelle folie! » — Toutes les idées possibles venaient à des hommes à qui tout était arrivé.

» Quant à l'Empereur qu'on ne trompait guère, il n'eut que quelques instants d'une joie factice. Il se plaignit bientôt « de ce qu'une guerre irritante de partisans voltigeait autour de lui; qu'au milieu de toutes ces démonstrations pacifiques, il sentait des bandes de Cosaques rôder sur ses flancs et derrière lui. »

» Cent cinquante dragons de la vieille Garde ne venaient-ils pas d'être rencontrés, assaillis, écrasés par une foule de ces barbares? Et c'était deux jours après l'armistice, sur la route de Mojaïsk, sur la ligne d'opérations, celle par laquelle l'armée communiquait avec ses magasins, ses renforts, ses dépôts et lui, avec l'Europe..... » Et Ségur continue :

« Chaque matin il fallait que nos soldats et surtout que nos cavaliers allassent au loin chercher la nourriture du soir et du lendemain. Et, comme les environs de Moscou et de Winkowo se dégarnissaient de plus en plus, on s'écartait tous les jours davantage. Les hommes et les chevaux revenaient épuisés, ceux toutefois qui revenaient : car chaque mesure de seigle, chaque trousse de fourrage nous étaient disputées ; il fallait les arracher à l'ennemi. C'étaient des surprises, des combats, des pertes continuelles ! les paysans s'en mêlaient.....

» Ainsi la guerre était partout, devant, sur nos flancs, derrière nous ; l'armée s'affaiblissait ; l'ennemi devenait chaque jour plus entreprenant.....

» Murat lui-même s'inquiète enfin. — Il a vu dans ces affaires journalières se fondre la moitié du reste de sa cavalerie..... »

Cependant dans son XXIIᵉ Bulletin Napoléon dit seulement : « Les Cosaques attaquent nos éclai teurs..... Les drapeaux turcs, ainsi que quelques curiosités du Kremlin, et l'image de la Sainte-Vierge, ornée de diamants, tout est expédié à Paris..... On dit que Rostopchin a perdu la raison..... Il a fait brûler sa maison de campagne..... Le soleil est plus brillant et plus chaud qu'à Paris, on se croirait au Sud..... L'armée russe n'approuve pas l'incendie de Moscou..... Les Russes considèrent Rostopchin comme un Marat qui se console maintenant, en société du commissaire Wilson..... » — De ses essais de conclure la paix, Napoléon ne dit mot.

Et l'hiver s'avançait : Ségur reprend : « Les Russses disaient qu'ils s'étonnaient surtout de notre sécurité à l'approche de leur puissant hiver ; c'était leur allié naturel et le plus terrible ; ils l'attendaient de moment en moment ; ils nous plaignaient, ils nous pressaient de fuir. — « Dans quinze jours, s'écriaient-ils, vos ongles tomberont, vos armes s'échapperont de vos mains engourdies et à demi mortes !..... »

Fain confirme ces détails : « Les froids semblent le seul sujet d'inquiétude qu'on puisse avoir. Mais les vétérans de l'armée qui, déjà, dans les boues de Pultusk et sur les glaces d'Eylau, ont appris à braver le climat, espèrent s'en tirer encore cette fois avec le même bonheur. — Au surplus, on n'a négligé à cet égard aucun renseignement, aucun calcul et toutes les probabilités sont rassurantes. Ce n'est ordinairement qu'en décembre ou janvier que l'hiver de Russie déploie ses rigueurs. — Pendant novembre, le thermomètre ne descend guère, année commune, au-dessous de six degrés. Des observations faites sur les vingt années pécédentes confirment cet aperçu..... »

Le 13 octobre, l'Empereur voit tomber la première neige; « Dépêchons-nous, dit-il, il faut dans vingt jours être en quartiers d'hiver. » Napoléon répète cette phrase dans son XXIV<sup>e</sup> Bulletin.

Labaume est très énergique dans ses appréciations : « On ne peut concevoir comment Napoléon fut assez aveugle et assez obstiné pour ne pas abandonner la Russie lorsqu'il vit surtout que la capitale, sur laquelle il avait compté, n'existait plus, et que l'hiver approchait..... Il fallait que la puissance divine, pour le punir de son orgueil, l'eût frappé de stupidité, puisqu'il osa penser que les mêmes hommes qui avaient eu assez de courage pour détruire leur patrie, auraient ensuite la faiblesse d'accepter ses dures propositions et de signer la paix sur les ruines fumantes de leurs villes.....

» L'audace des Cosaques redoublait à mesure que notre épuisement nous rendait plus timides. — Ils en donnèrent une preuve en arrêtant, aux environs de Moscou, un convoi d'artillerie venant de Viazma.....» Quelque temps après, ils en attaquèrent un autre qui venait d'Italie..... « Ces hordes tartares ne perdaient jamais une occasion de nuire à l'ennemi.»

« Le roi de Naples, dit Fezensac, dont la cavalerie était presque entièrement détruite, demandait tous les jours qu'on fît la paix ou qu'on se retirât. — Mais l'Empereur ne voulait rien voir ni rien entendre ; en réponse à leurs réclamations, les généraux recevaient de l'état-major les ordres les plus extraordinaires. L'Empereur voulut laisser à Moscou des traces de sa vengeance, en achevant de détruire ce qui avait échappé au désespoir des Russes. »

Enfin..... le charme se dissipe. Un Cosaque achève de le rompre. Ce barbare a tiré sur Murat au moment où ce prince venait se montrer aux avant-postes. Murat s'irrite : Il déclare à Miloradovitch qu'un armistice sans cesse violé n'existe plus et que désormais, chacun ne doit plus avoir confiance qu'en lui-même (Ségur).....

La situation de l'armée française était devenue intolérable : il était tout aussi impossible de rester dans Moscou que de commencer la retraite, sans préparatifs préliminaires ; aussi l'Empereur ne parlait-il guère et les nouvelles qu'il donnait à la France, comme à l'Europe, étaient excessivement laconiques.

On lui prêtait nombre d'intentions : il allait marcher sur Toula, en brûler les édifices publics et de là gagner la Pologne, pays ami, pour y établir des quartiers d'hiver que la facilité des communications avec Dantzig, Kowno, Wilna et Minsk permettra d'approvisionner largement. — D'autres au contraire faisaient remarquer qu'il y a 180 lieues de mauvais chemins entre Moscou et Saint-Pétersbourg, tandis qu'il n'y en a que 130 depuis Witebsk. — Moscou brûlée est ruinée pour un siècle ; son importance politique est détruite, son importance stratégique nulle. Il n'y a qu'à l'abandonner.

La bataille de Taroutino ouvrit les yeux à Napoléon. Il vit bien que Kutusoff se jouait de lui ; et il se résolut à battre en retraite. — Mais quelle retraite !

« Dès les premiers jours, dit Fezensac, elle ressemblait à une déroute..... Quelques compagnies mouraient de faim, tandis que d'autres étaient dans l'abondance..... Les soldats qui s'écartaient de la route pour trouver à manger, tombaient entre les mains des Cosaques et des paysans armés. Le chemin était couvert de caissons que l'on faisait sauter, de canons et de voitures abandonnées. »

Les soldats n'avaient pas voulu sacrifier le butin conquis et marchaient pesamment chargés. L'un d'eux, Duverger, fait l'inventaire de sa part : « J'avais, moi, des fourrures, des tableaux de grands maîtres, roulés pour la commodité du transport et quelques bijoux. Un de mes camarades avait chargé une énorme caisse de quinquina. Un autre, une bibliothèque tout entière, de beaux livres dorés sur tranches et reliés en maroquin rouge..... Je n'avais pas oublié le confortable ; j'avais fait provision de riz, de sucre, de café ; je comptais dans ma réserve trois grands pots de confitures dont deux de cerises, le troisième de groseilles.....»

Bourgogne n'est pas moins explicite : « Nous fûmes obligés d'arrêter pour attendre la gauche de la colonne. Je profitai de cette circonstance pour faire une revue de mon sac qui me semblait trop lourd, afin de voir s'il n'y avait rien à mettre de côté pour m'alléger; il était bien garni : J'avais plusieurs livres de sucre, du riz, un peu de biscuit, une demi-bouteille de liqueur, le costume d'une femme chinoise en étoffe de soie brodée d'or et d'argent, plusieurs objets de fantaisie en or et en argent, entre autres un morceau de la croix du Grand Iwan, c'est-à-dire un morceau de l'enveloppe qui la recouvrait (j'ai oublié de dire qu'au milieu de la grande croix de Saint-Iwan, il s'en trouvait une petite, en or massif, d'un pied de long)..... J'avais aussi mon grand uniforme; une grande capote de femme servant à monter à cheval; j'avais deux tableaux en argent d'un pied de large sur huit pouces de hauteur, dont les personnages étaient en relief..... J'avais plusieurs médailles et crachats d'un prince russe, enrichis de brillants; tous ces objets étaient destinés à des cadeaux.....: J'avais en outre sur ma chemise un gilet de soie jaune, piqué et ouaté, que j'avais fait moi-même avec le jupon d'une femme et par-dessus tout, un grand collet, doublé en peau d'hermine, plus une carnassière suspendue, à mon côté et sous mon collet, par un large galon en argent, contenant plusieurs objets parmi lesquels étaient un Christ en or et en argent ainsi qu'un petit vase en porcelaine de Chine, qui ont échappé au naufrage comme par miracle..... Ensuite venaient mon fourniment, mes armes, et soixante cartouches dans ma giberne..... »

Le témoin russe A. F. de B complète le tableau : « Chaque officier avait dans sa voiture une dame, russe ou française ; car une multitude de femmes s'étaient mises, en quelque sorte, à la suite de l'armée. — Quelques-unes, soupçonnant le malheureux sort qui leur était réservé, changèrent d'avis à la porte même de la ville et y rentrèrent. On vola aux autres, sur la route, leurs chevaux, leurs vivres et leurs fourrures. Ces malheureuses voyaient d'abord leurs enfants ensevelis sous des monceaux de neige et succombaient ensuite elles-mêmes, à l'horreur de leur situation..... Très peu furent sauvées et je n'ai pas entendu dire qu'une seule de ces fugitives soit arrivée sur les frontières. »

A propos des femmes qui suivaient la Grande Armée, Duverger cite un épisode caractéristique : « Nous avions l'ordre d'empêcher toute espèce de voiture de se placer entre nos caissons. Une magnifique berline, attelée de quatre chevaux, s'avance avec rapidité. Je fais signe au cocher d'arrêter ; celui-ci refuse et continue sa marche. Mes camarades et moi, nous saisissons les chevaux à la bride et la voiture est déjà sur le bord d'un fossé, lorsqu'une femme se montre à la portière : elle est jeune et belle ; la richesse et la fraîcheur de ses vêtements, le luxe qui l'entoure indiquent qu'une mystérieuse protection a dû veiller sur elle et la soustraire à la commune misère. Elle nous signifie au nom de l'Empereur, au nom du major général, de la laisser passer. — Refus de notre part..... »

Après Malo-Iaroslavetz, la situation de l'armée devint encore plus critique ; pourtant le 5 novembre on distribua à la Garde des moulins à bras..... Cela sembla fort ironique..... Il n'y avait rien à moudre. — On se débarrassa de ces meubles pesants et inutiles dans les vingt-quatre heures.

Le 6 novembre, le temps se mit à la neige ; elle tombait en abondance, aveuglant les hommes dont un froid intense glaçait les membres.

En quelques nuits, écrit le baron Fain, tout a changé. Les chevaux tombent par milliers, la cavalerie est à pied, l'artillerie n'a plus d'attelages, le bord des fossés est couvert de malheureux..... Une brigade tout entière, celle du général Augereau, frère du maréchal, surprise le 9 par les Cosaques d'Orlow-Davidoff et de Seslawin, a capitulé ! Napoléon trouve encore au fond de son cœur assez de sensibilité pour être ému de ce nouveau malheur..... Il renvoie le général Baraguay d'Illiers (vieux compagnon de l'armée d'Italie, un de ses officiers les plus distingués), en France, sous le poids d'un ordre qui lui enjoint de garder les arrêts chez lui.....

Le prince Eugène se présente dépouillé de presque

toute son artillerie et de ses équipages. Sur la route de Doukowstchina, il a éprouvé un désastre complet, au passage de la petite rivière de Wop. Cette scène est dramatiquement racontée par Labaume:

« Le désespoir devint général, car malgré les efforts que l'on faisait pour contenir les Russes, on n'avait que trop la certitude qu'ils avançaient. D'ailleurs la crainte redoublait nos dangers ; la rivière étant à demi gelée et les voitures ne pouvant plus la passer. Il fallut que tous ceux qui n'avaient pas de chevaux se déterminassent à se jeter à l'eau ; situation d'autant plus déplorable qu'elle nous forçait d'abandonner cent pièces de canon, grand nombre de caissons et quantité de charrettes, de fourgons et de droschki où se trouvait le peu qui nous restait de nos provisions de Moscou.

» On vit alors chacun renoncer à ses équipages et charger précipitamment sur ses chevaux les effets les plus précieux. A peine avait-on pris la résolution de laisser une voiture qu'une foule de soldats ne donnaient plus au propriétaire le temps de choisir ce qui lui convenait. Ils en devenaient les maîtres et la pillaient ; mais ils cherchaient, de préférence à toute autre chose, la farine et les liqueurs.....

» Les cris de ceux qui traversaient l'eau, la consternation de ceux qui allaient la passer et qu'on voyait, à chaque instant, rouler avec leurs montures dans le lit du Wop, tant la pente était escarpée et glissante ; enfin la désolation des femmes, les pleurs des enfants et le désespoir des soldats même faisaient de ce passage une scène si déchirante que le seul souvenir cause encore de l'effroi à tous ceux qui en furent les témoins. »

A plus d'une lieue de distance, on ne voyait que caissons et pièces d'artillerie ; les calèches les plus élégantes, venues de Moscou, se trouvaient entassées sur la route et le long de la rivière. — Les objets arrachés de ces voitures, mais trop lourds pour être emportés, avaient été répandus dans la campagne ; tous ces débris épars sur la neige n'en ressortaient que mieux. On y voyait des candélabres d'un grand prix, des figures de bronze antique, des tableaux originaux, les porcelaines les plus riches et les plus estimées.....

Le récit de R. Bourgeois est plus saisissant encore :

« L'épouvante régnait partout ; on ne voyait de salut que dans la fuite la plus prompte et personne ne voulait être le dernier. Si malheureusement vous étiez jeté par la foule sous les roues, il ne fallait pas attendre que les impitoyables conducteurs ralentissent un instant leur marche pour vous donner le temps de vous dégager ; vos cris étaient à peine entendus au milieu du fracas et vous disparaissiez bientôt renversé et foulé aux pieds..... On ne distinguait plus, au milieu de la foule, les généraux des goujats. Vêtus comme eux des plus sales guenilles et livrés à toutes les horreurs de la faim et à toute la rigueur du froid, ils étaient réduits à mendier des secours auprès des soldats qu'ils avaient commandés..... »

Chambrey raconte : « Des militaires de toutes armes entouraient un feu de bivouac, un général transi de froid les ayant priés de lui accorder une place n'en reçut pas de réponse, mais ayant réitéré sa demande : « Apporte ta bûche, lui cria l'un d'eux. »

« La désorganisation et la démoralisation étaient portées au dernier degré ; toute idée de commandement et d'obéissance avait disparu ; il n'existait entre nous aucune différence de rang ni de fortune. Nous ne formions plus qu'une bande d'hommes abrutis et dégradés.....

» Quand un malheureux, après avoir lutté longtemps contre toutes ces calamités, tombait enfin accablé sous le poids de ses maux, on était sûr qu'il avait usé tous les ressorts de la vie et qu'une fois abattu, il ne se relèverait pas. Avant qu'il eût rendu les derniers soupirs, on le traitait déjà comme un cadavre et on se jetait sur lui comme sur une proie, pour lui arracher les misérables vêtements qui le couvraient. En peu d'instants, il était dépouillé et on le laissait expirer lentement dans cet état de nudité.....

» Vous voyiez souvent marcher à côté de vous, comme des spectres, de ces misérables pour lesquels la station était un travail pénible et qui s'efforçaient de mettre un pied devant l'autre : tout à coup, ils se sentaient défaillir ; de profonds soupirs sortaient de leurs poitrines, leurs yeux se remplissaient de larmes, leurs jambes fléchissaient sous eux, ils chancelaient pendant quelques instants et tombaient enfin pour ne plus se relever..... et si les corps de ces infortunés expirants se trouvaient placés en travers devant leurs camarades, ils les enjambaient et passaient froidement par-dessus, sans paraître s'en apercevoir.....

» La bravoure dont on avait donné tant de preuves avait fait place à la plus insigne lâcheté ; on ne voulait absolument que fuir..... Toute idée de résistance avait cessé ; on n'avait même pas la résolution de défendre sa vie. A l'apparition de quelques Cosaques ou plutôt de paysans armés de longs bâtons, qui de temps en temps se présentaient sur la route, une terreur panique saisissait tous les esprits. Ceux qui avaient encore des armes les jetaient pour se sauver plus promptement et pour que, s'ils étaient saisis, on ne pût leur supposer l'intention de se défendre. — Cent grenadiers se seraient laissés prendre et conduire par quelques-uns de ces paysans, sans songer à résister..... »

« Les Cosaques et la milice, dit l'auteur des *Lettres sur la guerre de 1812*, sont plus à craindre pour les prisonniers que les troupes de ligne. Les généraux russes font beaucoup pour arrêter les effets de leur fureur, mais l'exaspération est telle, qu'il faudrait qu'ils fussent partout en même temps. »

Tous les témoins de ces horribles scènes s'accordent : « La route que nous parcourions ressemblait à un champ de bataille, écrit Fezensac. Ceux qui avaient résisté au froid et à la fatigue succombaient aux tourments de la faim..... Les uns avaient eu les membres gelés et mouraient étendus sur la neige ; d'autres s'endormaient dans les villages et étaient consumés par les flammes que leurs compagnons avaient allumées. Je vis à Dorogobuj un soldat de mon régiment en qui le besoin avait produit les effets de l'ivresse. — Il était auprès de nous, sans nous reconnaître ; il nous demandait son régiment, il nommait les soldats de sa compagnie, et leur parlait comme à des étrangers ; sa démarche était chancelante, son regard égaré..... »

C'est maintenant au tour de Labaume :

« Le soldat, accablé par la neige et le vent qui venaient sur lui en forme de tourbillon, ne distinguait plus la grande route des fossés et souvent s'enfonçait dans ces derniers qui lui servaient de tombeau.

» Les autres, pressés d'arriver, se traînant à peine, mal chaussés, mal vêtus, n'ayant rien à manger, rien à boire, gémissaient en grelottant, et ne donnaient aucun secours ni marque de pitié à ceux qui, tombés en défaillance, expiraient autour d'eux. Ah ! combien de ces infortunés, qui, mourant d'inanition, luttaient d'une manière terrible contre les angoisses de la mort ! On entendait les uns faire leurs derniers adieux à leurs frères, à leurs camarades ; d'autres, en poussant le dernier soupir, prononçaient le nom de leur mère et du pays qui les vit naître; bientôt la rigueur du froid saisissant leurs membres engourdis, se glissait jusque dans leurs entrailles. Etendus sur les chemins, on ne les distinguait plus qu'aux tas de neige qui recouvraient leurs cadavres et qui sur toute la route formaient des ondulations semblables à celles des cimetières. Enfin des nuées de corbeaux, abandonnant la plaine pour se réfugier dans les forêts voisines, en passant sur nos têtes, poussaient des cris sinistres, et des troupeaux de chiens, venus de Moscou, ne vivant que de nos débris ensanglantés, venaient hurler autour de nous, comme pour hâter le moment où nous devions leur servir de pâture.....

» Le soldat n'obéit plus à ses officiers, et l'officier s'éloigne de son général; les régiments débandés marchaient à volonté. — Cherchant de quoi vivre, ils se répandaient dans la plaine, en brûlant et saccageant tout ce qu'ils rencontraient.....

» Les soldats armés qui restaient encore devant faire face à l'ennemi étaient exposés à toutes les rigueurs de la saison, tandis que les autres, éloignés de leurs corps, se voyaient repoussés de partout et ne trouvaient pas même place au milieu des bivouacs. Qu'on se figure alors la situation de tous ces malheureux : tourmentés par la faim, on les voyait courir auprès d'un cheval aussitôt qu'il était tombé, et comme des chiens dévorants, ils s'en disputaient les lambeaux. Excédés par la privation de sommeil et les longues marches, ils ne voyaient que de la neige et autour d'eux pas un seul point pour s'asseoir et se reposer ; transis de froid, ils erraient de tous côtés pour trouver du bois, la neige l'avait fait disparaître, et s'ils en trouvaient, ils ne savaient sur quel point l'allumer : à peine le feu commençait-il à prendre que la violence du vent et l'atmosphère humide détruisaient le fruit de leurs fatigues et leur unique consolation dans le malheur extrême. Aussi voyait-on tous les hommes, serrés ensemble comme des bestiaux, se coucher au pied des bouleaux, des sapins ou sous des voitures ; d'autres arrachaient des arbres, ou de vive force brûlaient les maisons où les officiers étaient logés, et quoique excédés de lassitude, on les voyait droits, semblables à des spectres, rester immobiles, toute la nuit, autour de ces immenses bûchers..... »

Comment en était-on arrivé à un pareil désastre ? C'est la question que Ségur se pose : « Comment se pouvait-il qu'à Moscou tout eût été oublié ? Pourquoi tant de bagages inutiles ? pourquoi tant de soldats, déjà morts de faim et de froid, tout chargés d'or au lieu de vivres et de vêtements ? et surtout trente-trois journées de repos n'avaient-elles pas suffi pour préparer aux chevaux de la cavalerie, de l'artillerie et à ceux des voitures des fers à crampons qui eussent rendu leur marche plus sûre et plus rapide..... ?

» Pourquoi, à défaut d'ordre de Napoléon, cette

précaution n'avait-elle pas été prise par des chefs, tous rois, princes et maréchaux ? L'hiver n'avait-il donc pas été prévu en Russie ? Napoléon, habitué à l'industrieuse intelligence de ses soldats, avait-il trop compté sur leur prévoyance ? Le souvenir de la campagne de Pologne, pendant un hiver aussi peu rigoureux que celui de nos climats, l'avait-il abusé, ainsi qu'un soleil brillant dont la persévérance pendant tout le mois d'octobre avait frappé d'étonnement jusqu'aux Russes eux-mêmes ? De quel esprit de vertige, l'armée, comme son chef, a-t-elle été frappée ? Sur quoi chacun a t-il compté ? Car en supposant qu'à Moscou l'espoir de la paix eût ébloui tout le monde, il eût toujours fallu revenir et rien n'avait été préparé, même pour un retour pacifique..... »

Et plus loin il continue : « Enfin l'armée a revu Smolensk ! Elle a touché à ce terme tant de fois offert à ses souffrances ; les soldats se la montrent. La voilà, cette terre promise, où sans doute leur famine va retrouver l'abondance, leur fatigue, le repos ; où les bivouacs par dix-neuf degrés de froid vont être oubliés dans des maisons bien chauffées. Là ils goûteront un sommeil réparateur ; ils pourront refaire leurs habillements ; là de nouvelles chaussures et des vêtements propres au climat leur seront distribués.....

» Les infortunés se répandent dans les rues, n'ayant plus d'espoir que le pillage. Mais partout des chevaux disséqués jusqu'aux os leur annoncent la famine ; partout les portes et les fenêtres des maisons brisées et arrachées ont servi à alimenter les bivouacs : Ils n'y trouvent point d'asiles, point de quartiers d'hiver préparés ; point de bois, les malades et les blessés restent dans les rues, sur les charrettes qui les ont apportés..... C'est un nouveau bivouac dans de trompeuses ruines, plus froides encore que les forêts qu'ils viennent de quitter !.....

» Il fallut des efforts..inouïs pour empêcher les détachements des différents corps de s'entre-tuer aux portes des magasins ; puis, quand après de longues formalités ces misérables vivres étaient délivrés, les soldats refusaient de les porter à leurs régiments : Ils se jetaient sur les sacs, en arrachaient quelques livres de farine et s'allaient cacher pour les dévorer. Il en fut de même pour l'eau-de-vie. Le lendemain on trouva les maisons pleines des cadavres de ces infortunés..... Enfin, cette funeste Smolensk, que l'armée avait crue le terme de ses souffrances n'en marquait que les commencements.

» Une immensité de douleurs se déroulait devant nous : il fallait marcher encore quarante jours sous ce joug de fer !.....

» L'Empereur arriva le 9 novembre, au milieu de cette scène de désolation. — Il s'enferma dans l'une des maisons de la place Neuve et n'en sortit le 14 que pour continuer sa retraite. Il comptait sur quinze jours de vivres et de fourrages pour une armée de cent mille hommes; il ne s'en trouvait pas la moitié en farine, riz et eau-de-vie ! La viande manquait. On entendit ses cris de fureur contre l'un des hommes chargés de cet approvisionnement. Le munitionnaire n'obtint sa vie qu'en se traînant longtemps sur les genoux, aux pieds de Napoléon. »

« Depuis l'arrivée de « Bonaparte », lit-on dans *les Lettres sur la guerre de 1812*, « je suis chargé de faire faire les distributions à chaque corps d'armée. Je doute que les sept factionnaires qui me gardent jour et nuit puissent m'empêcher d'être massacré par les malheureux affamés qui m'assiègent sans relâche..... Des officiers supérieurs ont enfoncé ma fenêtre et l'ont escaladée..... »

Le désappointement éprouvé par l'armée dans Smolensk se révèle dans toutes les relations : « Quelle fut notre douleur, s'écrie Labaume, lorsque, dans les faubourgs mêmes de Smolensk, nous apprîmes que le neuvième corps était parti, que l'on ne s'arrêterait pas et que toutes les provisions avaient été consommées. La foudre tombant à nos pieds nous aurait moins accablés que cette nouvelle et nos sens en furent tellement émus que, dans notre désespoir, personne ne voulait y croire..... Nous ne doutâmes plus alors que la famine régnait dans une ville regardée jusqu'à ce moment comme le séjour de l'abondance.

« Les soldats, restant sans logement, campaient au milieu des rues, et quelques heures après, on les trouvait morts autour du feu qu'ils avaient allumé. Les hôpitaux, les églises et les autres édifices ne pouvaient plus contenir les malades qui se présentaient par milliers : Ces malheureux, exposés aux rigueurs d'une nuit glaciale, restaient sur des charrettes, dans des caissons, ou mouraient en cherchant vainement un asile. »

« Nous arrivâmes enfin à la terre promise, dit un autre témoin oculaire, G. L. D. D., nous n'avions fait que cent vingt-cinq lieues et déjà nos aliments se réduisaient à une farine grossière, bouillie sans sel et sans aucun assaisonnement. Notre soif brûlante était étanchée avec l'eau des mares dans laquelle se putréfiaient des hommes et des chevaux ou avec la pluie que conservaient les ornières. On vit un cuirassier, poussant des gémissements que lui arrachait la faim, se précipiter sur une charogne déjà déchiquetée, y plonger la tête et en arracher les intestins avec ses dents..... La disette fut si grande, que les Russes trouvaient des cadavres français à demi dévorés par leurs camarades. »

On avait abandonné cinq mille malades ou blessés à Smolensk; ils n'avaient même pas été compris dans le partage des vivres. Les officiers de santé et les employés qu'on avait désignés pour en prendre soin, après le départ de l'armée disparurent, ne se souciant pas d'être prisonniers ou massacrés.

Cette absence de secours médicaux est constatée par Chambrey : « Il ne resta point de chirurgiens avec les cinq mille blessés et malades que l'on abandonnait à Smolensk ; et ils ne furent point recommandés à l'humanité des Russes. On les abandonna comme de vils instruments devenus désormais inutiles. Que dis-je ? ils furent les victimes d'une vengeance insensée et brutale ; car la destruction des murailles de Smolensk n'était pas plus motivée que celle des murailles du Kremlin et l'explosion des mines renversa plusieurs des bâtiments dans lesquels étaient ces malheureux et les ensevelit sous leurs ruines. »

A partir de ce moment, la guerre prit un caractère plus féroce. L'auteur des *Lettres sur la guerre*, René Bourgeois, un anonyme allemand et bien d'autres le constatent : ..... « Il est impossible d'imaginer où s'arrêtera la vengeance d'un ennemi dont la fureur a été provoquée par les ravages et par la destruction..... Avant de songer à une représaille aussi cruelle qu'inutile, ne savait-on pas qu'on était forcé de laisser à l'ennemi cinquante mille malheureux Français ou alliés, dans les hôpitaux ou sur la route. »

Les bâtiments qui, dans les villes que nous avions aversées, dit Bourgeois, avaient échappé à la destruction, étaient encombrés de malades et de blessés, livrés à la plus déplorable misère, entassés sur les pavés, au milieu des ruines, et manquant de tous les secours. — Ces malheureux qu'on laissait mourir de faim, obligés de pourvoir eux-mêmes à leur subsistance, se traînaient au milieu des champs pour ramasser des racines, des trognons de choux et d'autres végétaux qu'ils accumulaient ensuite autour d'eux pour leur consommation journalière. Etendus sur de la paille pourrie, sur des herbages, des chiffons, du chanvre, ils croupissaient dans la malpropreté, entouré des restes en putréfaction de ceux de leurs camarades qui avaient succombé.

Il fallait, pendant un espace de quatre-vingts lieues, se frayer pour ainsi dire un chemin à travers les décombres et les cadavres. Dans tous les lieux où on s'arrêtait pour camper, à titre de gîtes d'étapes, on rencontrait de ces vastes sépulcres qu'on nommait *hôpitaux*, dont la présence s'annonçait au loin par une odeur infecte et pestifère, et par des amas de corps putréfiés, d'ordures et de fange, qui formaient d'affreux cloaques, autour de ces établissements..... C'était derrière des monceaux de cadavres qu'étaient les lieux.....

Les fuyards étaient des réservoirs vivants de parasites et de saletés. La puanteur qu'ils répandaient était due autant à leurs estomacs malades qu'aux immondices qui restaient dans leurs vêtements, car ils ne se déboutonnaient pas, de peur du froid. Leurs mains, comme leur visage, étaient toujours teints de sang de cheval. — « Mais, dit un auteur allemand, je redoutais surtout l'arrivée des nuits non seulement parce qu'elles augmentaient nos souffrances, mais à cause d'une particularité que voici : on faisait halte, on se réunissait, on se pressait les uns contre les autres, et aussitôt, au milieu du silence produit par l'abattement et le désespoir, commençaient des petits bruits sourds qui se répétaient à chaque instant, souvent dans plusieurs endroits à la fois. Qui les causait ? la chute des hommes et des chevaux succombant à l'excès du froid et de la misère..... »

Et le joyeux Bourgogne qui passait, il y a quelques jours, avec tant d'humour, la revue de son sac, écrit maintenant : «..... Cinq hommes se battaient comme des chiens, à côté était une cuisse de cheval qui faisait l'objet de leur discussion.....

» Nous laissâmes, en quittant notre bivouac, un grand nombre de morts et de mourants et pendant la route, ce fut pis encore ; nous étions obligés d'enjamber par-dessus les cadavres que jonchait le corps d'armée qui nous précédait..... A une des étapes, je vis avec effroi que presque tous les hommes et les chevaux étaient morts et couverts de neige ; les premiers couchés autour du foyer éteint, les derniers encore attelés aux canons qu'il fallut abandonner..... D'un coup d'œil jeté sur ce sol fatal, on pouvait voir des milliers de nos braves soldats ensevelis sous la neige ; des faisceaux d'armes encore formés, d'autres renversés.....

» Les affûts de canons et les caissons étaient chargés de soldats malades et mourants de froid. Les chevaux faisaient peine à voir. — Je savais qu'un de mes amis d'enfance était traîné de cette manière depuis deux jours ; je m'informai de lui et de chasseurs de la Garde qui faisaient partie de son régiment, j'appris qu'il venait de tomber mort sur la route à un endroit creux et étroit, qu'on n'avait pas eu le temps de le déposer sur le côté et que l'artillerie lui avait passé sur le corps ainsi que sur plusieurs autres ....

» Ceux à qui l'on disait d'espérer d'avoir bientôt des vivres et un bon logement, n'entendaient plus rien; ils marchaient comme des automates, lorsqu'on les conduisait, s'arrêtant lorsqu'on les laissait. Les plus forts portaient tour à tour leurs armes et leurs sacs, car, ces malheureux, indépendamment qu'ils avaient perdu leurs forces et leur raison, presque tous aussi, avaient perdu les doigts des pieds et des mains.....

» Un vieux chasseur avait les doigts des pieds gelés; ils étaient enveloppés de morceaux de peau de mouton. La barbe était chargée de glaçons. Il s'assit près du feu en blasphémant contre l'Empereur Alexandre, la Russie et tous les saints, puis il s'informa si l'on avait fait une distribution d'eau-de-vie. Sur ma réponse que jusqu'à présent je n'en avais pas entendu parler, et qu'il n'y avait pas apparence d'en avoir, il me dit : « Alors, il faut mourir. ».....

» Sur notre chemin, nous rencontrâmes un hussard luttant contre la mort, se relevant et tombant aussitôt. — Malgré le peu de moyens que nous avions de donner des secours, nous avançâmes pour le secourir, mais il venait de tomber pour ne plus se relever.....

» Nous remarquâmes trois hommes, autour d'un cheval mort : deux de ces hommes étaient debout et semblaient être ivres, tant ils chancelaient. Le troisième qui était un Allemand, était couché sur le cheval. Le malheureux, mourant de faim et ne pouvant en couper, cherchait à mordre dedans; il finit par expirer dans cette position..... »

Et les femmes ! quelles ne furent pas leurs souffrances ? L'une d'elles, M^{me} Fusil, eut l'incroyable chance de survivre au désastre. Elle en a raconté les terribles péripéties. Son récit mérite d'être transcrit : « Dans cet affreux voyage, je me disais en commençant la journée : il est bien certain que je ne la finirai pas, mais par quel genre de mort la terminerai-je ?.....

» Lorsqu'on s'arrêtait aux bivouacs pour manger ou se chauffer, les bancs sur lesquels on s'asseyait étaient des corps morts gelés, sur lesquels on se posait aussi gaiement que sur un sopha.....

» On entendait toute la journée : Ah ! mon Dieu ! on m'a volé mon porte-manteau ; un autre, mon sac ; un autre, mon pain, mon cheval et cela depuis le général jusqu'au soldat.....

» A tout moment repoussés : Laissez passer les équipages du maréchal un tel, et puis d'un autre, et puis d'un général..... A la Bérézina vint le moment de passer le pont. Il était bordé de chaque côté de généraux, de colonels, d'officiers. — Depuis si longtemps cet encombrement durait, qu'ils étaient tous là pour faire passer le plus vite possible, car..... les Cosaques n'étaient pas loin.....Il semblait que l'armée russe ne fût composée que de Cosaques ; on ne parlait que d'eux et l'on ne craignait qu'eux. »

« Parmi les jouets d'une fortune cruelle, dit à son tour Labaume, il n'y en avait point de plus à plaindre que les femmes françaises, venues de Moscou et qui, pour éviter le ressentiment des Russes, avaient cru trouver au milieu de nous des secours assurés. — La plupart à pied, en souliers d'étoffe et vêtues de mauvaises robes de soie ou de percale, se couvraient avec des morceaux de pelisses, ou des capotes de soldats, pris sur des cadavres.

» Leur situation eût arraché des larmes aux cœurs les plus durs, si la rigueur des circonstances n'avait étouffé les sentiments d'humanité. De toutes ces victimes des horreurs de la guerre, aucune n'inspirait autant d'intérêt que la jeune et touchante Fanny : jolie, douce, aimable, spirituelle, parlant plusieurs langues, possédant enfin toutes les qualités propres à séduire l'homme le plus insensible, elle était réduite à mendier le plus léger service et le morceau de pain qu'elle obtenait l'obligeait souvent à la plus servile reconnaissance. Implorant les secours de nous tous, on en abusait et chaque nuit elle appartenait à celui qui se chargeait de la nourrir.

» Auprès de Smolensk, je la revis, hélas ! mais ne pouvant plus marcher, l'infortunée se tenait à la queue du cheval et lorsque ses forces vinrent à manquer, elle tomba dans la neige où sans doute elle demeura ensevelie, sans avoir excité la compassion, ni même obtenu un regard de pitié ..... »

A une femme russe, maintenant — Labaume continue : « Capturée dans les souterrains de la cathédrale de Michel Arkangelsk, l'infortunée P... faisait toujours partie de notre butin, et semblable à une esclave, avait jusqu'à ce jour partagé nos maux et nos privations. Mais elle les supportait avec le courage que lui donnait sa vertu ! Croyant porter dans son sein le gage d'un amour qu'elle croyait légitime (elle était devenue la maîtresse d'un élégant général français qui l'avait prise sous sa protection et lui avait promis de l'épouser), elle était près de devenir mère et s'enorgueillissait de suivre son époux. Cependant celui qui lui avait tout promis, ayant été informé dès le matin que nous ne prendrions pas de quartiers d'hiver à Smolensk, se détermina à rompre une liaison qu'il avait regardée comme passagère. L'âme pleine de noirceur et le cœur inaccessible à la pitié, il s'approche de cette innocente créature et, sous un prétexte spécieux, lui annonce qu'il faut se séparer.

» A cette nouvelle la malheureuse pousse un cri douloureux et déclare qu'ayant sacrifié sa famille et même sa réputation à celui qu'elle croyait être son mari, c'était un devoir pour elle de le suivre partout, et que ni les fatigues, ni les dangers ne pourraient la détourner d'une résolution à laquelle son amour et son honneur étaient également inté-

ressés. Ce général, peu sensible à ce rare attachement, lui dit d'une manière assez sèche qu'il fallait
se quitter, puisque les circonstances ne permettaient
plus d'avoir des femmes avec nous ; qu'au surplus
il était lui-même marié et qu'en retournant promptement à Moscou, elle pourrait retrouver l'époux
que ses parents lui avaient destiné.

» A ces mots, cette intéressante victime demeura
anéantie : pâle et plus mourante encore qu'elle
n'était en sortant des tombeaux du Kremlin, elle
ne peut ouvrir la bouche ; elle pleure, soupire et
suffoquée par la douleur tombe dans un état
d'évanouissement dont son perfide séducteur profite,
non pas pour se soustraire à une touchante sensibilité, mais bien pour fuir les Russes, dont son âme
timorée lui faisait déjà entendre les cris ven-
geurs.....»

Comme il a été remarqué la cavalerie n'existait
plus. L'existence des quelques chevaux qui restaient
tenait du miracle.

« La pénurie des subsistances pour les chevaux,
dit René Bourgeois, était affreuse : Quelques brins
de paille ramassée dans les champs, à moitié pourrie
et foulée aux pieds, restes des anciens bivouacs, ou
qu'on arrachait sur les toits du peu d'habitations
qui avaient été soustraites à la destruction, composaient toute leur nourriture.....

» Le verglas qui couvrit les chemins se joignit à
ces fléaux..... Les chevaux mal ferrés glissaient
au moindre mouvement..... En peu de temps,

il ne fut plus question de cavalerie..... Tous les cavaliers marchaient à pied, augmentant le nombre des isolés..... Les régiments s'éparpillèrent bientôt. L'ordre et la discipline disparurent; — le soldat ne reconnaissait plus ses chefs, — l'officier ne s'occupait pas de ses soldats. Chacun allait pour son compte et comme il l'entendait......»

Toute cette masse d'hommes désorganisés, dont le nombre s'accroissait journellement, s'étaient surchargés des vêtements les plus bizarres et les plus disparates. Ils étaient enveloppés de fourrures de toute espèce, de peaux de différents animaux, de jupons de femme de toutes couleurs, de grands schalls, de lambeaux de drap ou d'étoffes de mantelets, de couvertures de cheval fendues dans le milieu et dont les extrémités pendaient de chaque côté en forme de chasuble.

Pour suppléer aux chaussures dont la plupart manquaient, ils s'entouraient les pieds de chiffons, de morceaux de feutre ou de peau de mouton qu'ils assujettissaient avec des liens de paille..... Au-dessous de ces haillons chargés de vermine, paraissaient des figures hâves, noircies par la fumée des bivouacs, couvertes de saleté et sur lesquelles se peignaient la frayeur, le découragement et toutes les horreurs de la misère et de la faim, et que décelaient les corps minés par les privations et exténués de fatigue.

C'étaient là pour une bonne moitié les hommes qui venaient s'entasser sur les bords de la Bérézina.

L'armée y eût péri tout entière, sans l'inadvertance du général russe Tchitchagoff qui devait lui barrer le passage.

« On ne peut s'empêcher de reconnaître, dit René Bourgeois, que les Russes ont fait pendant cette retraite des fautes étonnantes; à la Bérézina surtout, il est évident qu'ils pouvaient nous prendre tous sans combattre et que nous ne devons notre salut qu'aux mauvaises dispositions du général ennemi. Ce chef était l'amiral Tchitchagoff qui avait succédé à Kutusoff dans le commandement de l'armée de Turquie. Tchitchagoff était un jeune courtisan, rempli de présomption, que l'Empereur Alexandre comblait de faveurs..... »

Il faut avoir lu les rapports de ce jeune favori, écrits en termes pompeux, pour apprécier à leur véritable valeur l'impudence, l'effronterie et l'incapacité de ce personnage. Dans ces rapports il n'épargnait personne, pas même Kutusoff; mais ce dernier lui rendit souvent la pareille.

Du côté français la rivalité de deux corps faillit gâter encore la situation : « L'esprit de corps, écrit Marbot, est certainement fort louable, mais il faut savoir le modérer et même l'oublier dans les circonstances difficiles. C'est ce que ne surent pas faire devant la Bérézina les chefs de l'artillerie et du génie, car chacun de ces deux corps éleva la prétention de construire *seul* les ponts, de sorte qu'ils se contrecarraient mutuellement, et rien n'avançait, lorsque l'Empereur, étant arrivé le

26 novembre, vers midi, termina le différend en
ordonnant qu'un des deux ponts serait établi par
l'artillerie, l'autre par le génie..... »

L'Empereur à Studzianka put se croire perdu.
Son état-major, Murat en tête, ne voyait aucune
issue. — Mais, par un bonheur inexplicable, la
division russe de Tchaplitz, forte de six mille
hommes, qui pouvait avec son artillerie battre la
position qu'il dominait et aurait ainsi empêché le
passage de la rivière en coulant les ponts, leva son
camp le 26 au matin et quelques heures après, les
derniers Cosaques avaient disparu à l'horizon et le
pont pour l'infanterie française était achevé. — La
division Legrand le traversait sous les yeux de
Napoléon, aux cris de Vive l'Empereur! — Il
s'écria en les voyant enfin sur le bord opposé :
« Voilà donc encore mon étoile ! »

Mais un épouvantable désordre se produisit
bientôt : tout le monde voulut passer à la fois.

« Qui pourrait compter le nombre de victimes?
dit un témoin qui signe son récit S. N. Qui pourrait
peindre cette scène de désolation et d'horreur?

» C'est au milieu de cet effroyable désordre que
l'Empereur donna l'ordre de brûler toutes les voitures, afin sans doute de faciliter le passage. Il
voulut que cet ordre fût exécuté en sa présence et
voir le feu; il fut obéi..... Le prince de Neufchâtel
tira lui-même les chevaux par la bride.

» Le lendemain, nouvel obstacle, nouvelles
angoisses ; on ne laissait passer que les équipages

de l'Empereur et ceux de l'armée ; cependant nous fûmes encore assez heureux pour gagner l'autre rive..... »

Constant, le valet de chambre de l'Empereur, qui ne peut être suspect d'exagération, écrit : « La plume se refuse à tracer les scènes d'horreur qui eurent lieu. Ce fut exactement sur un chemin de corps écrasés que les chariots de toutes sortes arrivèrent aux ponts..... L'un était sans rebords. On voyait une foule de malheureux qui s'efforçaient de le traverser, tomber dans le fleuve et s'abîmer au milieu des glaces. D'autres essayaient de s'accrocher aux misérables planches du pont et restaient suspendus sur l'abîme, jusqu'à ce que leurs mains écrasées par les roues des voitures lâchassent prise. »

On vit une femme prise par le milieu du corps dans les glaces tenir son enfant au-dessus de l'eau et implorer la pitié des passants, pour qu'on le sauvât.

Les soldats se cramponnaient à leurs voisins pour ne pas tomber ; d'autres s'avançaient qui les heurtaient, puis toute la masse s'abîmait dans les flots, les hommes tombant comme des capucins de carte (*Journal de la guerre*).

M^me Fusil renchérit encore : « La petite rivière de Bérézina était tellement encombrée de morts que l'on passait à cheval et même à pied, par-dessus (?) — Ce qu'il a péri d'hommes, de femmes, d'enfants, de chevaux est incalculable. Les militaires, le sabre à la main, renversaient tout pour se faire un passage. »

Dans cet état de désordre, si le bout d'une lance apparaissait ou si le mot « Cosaque » était répété deux ou trois fois de suite, une terreur panique s'emparait de cette armée de fuyards, qui retournaient sur leurs pas, glissaient, culbutaient.....

C'est dans Labaume, René Bourgeois, Marbot qu'il faut lire ces épouvantables détails dont l'auteur du *Journal de la guerre* n'atténue aucun. Au delà de la Bérézina, le froid devint encore plus rigoureux. « La route, dit ce témoin oculaire, était entièrement couverte d'hommes asphyxiés par le froid, de mourants, de gens qui tournaient sur eux-mêmes et qui luttaient contre la dernière chute, de laquelle ils ne se relevaient jamais.

» La cavalerie avait jeté ses armes, perdu ses chevaux et ses bottes ; les cavaliers avaient les pieds entortillés de chiffons attachés par des cordes, ce qui leur faisait des jambes plus grosses que les cuisses et leur imprimait je ne sais quel air de monstruosité maladive qui donnait la triste idée de la ladrerie et de l'éléphantiasis, au temps des croisés.

» Leurs manteaux troués, roussis et charbonnés, étaient liés autour de leurs corps, sur les restes de leurs vêtements calcinés par le feu des bivouacs, ils avaient la tête également entortillée de chiffons et leur longue barbe couvrait une figure noircie par la fumée de la poudre et maculée par toutes les saletés qui proviennent de la misère et de la négligence : leur haleine s'attachait à cette barbe, gelait et se condensait en se réunissant aux glaçons qui tombaient de leurs narines ; leur figure se trouvait ainsi couverte de givre et de neige et semblait une boule glacée, dont il sortait une fumée continuelle.

» Nous avions presque tous des fourrures, au commencement de la retraite ; mais lorsque nous dormions au feu du bivouac, la neige se fondait sous notre corps, s'imbibait dans nos fourrures et, regelant ensuite, les convertissait en lourds manteaux de glace qui ne pouvaient être comparés qu'à ces horribles chapes dont le Dante a fait la description dans son poème de l'Enfer.....

» La plupart des voitures chargées restaient au bas des montées, malgré tous les efforts des chevaux et de leurs conducteurs ; il en arrivait beaucoup d'autres à la file, et quand le passage était obstrué, c'est alors que commençait un pêle-mêle abominable avec un pillage affreux ; chacun s'emparait de ce qui pouvait le tenter dans le chargement de ces voitures.....

» Je vis un jour un fourgon rempli d'or et d'argent qui était saccagé de compte à demi par des Français et des Cosaques, sans aucune hostilité réciproque, avec toute la vitesse possible, et sur le milieu de la grande route. Je passai tout à côté du fourgon, au beau milieu des confédérés et sans qu'aucun étranger me cherchât noise.

» Le chemin était tellement rempli de morts et de mourants, qu'il fallait faire beaucoup attention pour ne pas écraser un corps humain. Vu l'épaisseur de la colonne, qui forçait de marcher tout droit devant soi, on se trouvait contraint d'enjamber par-dessus de malheureux agonisants dont on entendait le râle et auxquels on ne pouvait pas même avoir la pensée de procurer le moindre soulagement.....

» Le pays était continuellement couvert de neige; les forêts par la nature des arbres et par leur épaisseur, la reçoivent et la conservent et se couvrent ainsi d'un grand tapis qui les fait ressembler à d'immenses murailles de glace. Les villages également ensevelis sous la neige ne se détachent plus sur ces longues plaines blanches; le feu, seulement, mis par l'ennemi ou par les fuyards, était ce qui nous les faisait distinguer.....

» Des bandes de Cosaques, qui pointaient continuellement sur nos flancs, faisaient de temps en temps un hourrah croisé au plus épais de la colonne; ils y tuaient, pillaient, renversaient, et portaient la terreur au fond de toutes les âmes; et pour lors, on s'arrêtait, on fuyait, on se culbutait et la plupart de ceux qu'on faisait tomber se trouvaient dévoués à la mort par l'effet même de cette chute.

» Enfin quelques hommes de cœur et quelques troupes fidèles à leur drapeau et à la dignité de leur pays ramenaient un peu d'ordre et chassaient à coups de fusil ces hordes sauvages, qu'on voyait fuir précipitamment, tandis qu'il s'élevait autour de nous des nuées de corneilles grises, qui se repaissaient de nos dépouilles et qui nous étourdissaient lugubrement..... Devenus brigands, les soldats se montraient insensibles aux supplications des malades. Ils se ruaient sur eux pour déchirer leurs vêtements, afin de s'emparer de leurs ceintures. Et lorsque ces malheureux les suppliaient au moins, puisqu'ils ne voulaient pas les assister, de ne pas les laisser à nu sur la neige et par cette horrible température : « Allons donc, répondaient les voleurs, » puisqu'il faut que tu gêles, laisse-moi prendre tes » habits et ne me retiens pas si longtemps, car je » gêlerais aussi..... »

» Je crois qu'il ne sera jamais possible à aucun peintre, à aucun historien de rendre à l'imagination l'horreur de nos souffrances et l'immensité de ce grand désastre..... »

Et pourtant les Français ne se déclaraient pas vaincus : ils faisaient et gardaient des prisonniers russes. — Voici ce qu'en dit Constant : « J'avais peine vraiment à comprendre cette allure de victorieux que nos pauvres soldats se donnaient encore, en traînant après eux un misérable luxe de prisonniers qui ne pouvaient que les gêner en appelant leur surveillance.

» Ces malheureux Russes, exténués par les marches et par le besoin, périrent presque tous dans cette nuit (une nuit que l'Empereur, après la Bérézina, passa dans la petite ville de Kamen).

» On les vit, le matin, serrés pêle-mêle les uns

contre les autres ; ils avaient espéré trouver ainsi un peu de chaleur. Les plus faibles avaient succombé et leurs cadavres raidis furent pendant toute la nuit accolés à ceux qui survécurent, sans que ces derniers s'en aperçussent. Il y en eut qui, dans leur voracité, mangèrent leurs compagnons morts !..... »

Et ces faits se passaient à quelques pas du quartier général de Napoléon, presque en face de sa maison de bois dont on avait dû fermer les fenêtres avec de la paille et du foin !

L'Empereur partit, bientôt laissant à Murat le commandement suprême.

Ce fut la fin de tout : « Il fallait un colosse pour point de ralliement, dit Ségur, et il venait de disparaître. Dans le grand vide que l'Empereur laissa, Murat fut à peine aperçu .....

» Dès la première nuit, un général refusa d'obéir. Le maréchal qui commandait l'arrière-garde revint presque seul au quartier royal. Trois mille hommes de vieille et jeune Garde s'y trouvaient encore ; c'était là toute la Grande Armée..... Mais à la nouvelle du départ de Napoléon, gâtés par l'habitude de n'être commandés que par le conquérant de l'Europe,..... ces vétérans s'ébranlèrent à leur tour et sombrèrent eux-mêmes dans le désordre .....

» Il y eut des hommes qui firent deux cents lieues sans tourner la tête. Ce fut un sauve-qui-peut général .....

» On vit, sous les vastes hangars qui bordent

quelques points de la route, de plus grandes horreurs; soldats et officiers, tous s'y précipitaient, s'y
entassaient en foule. Là, comme des bestiaux, ils
se serraient les uns contre les autres autour de
quelques feux ; les vivants ne pouvant écarter les
morts du foyer, se plaçaient sur eux pour y expirer
à leur tour, et servir de lit de mort à de nouvelles victimes ! Bientôt d'autres foules de traînards se présentaient encore, et, ne pouvant pénétrer dans ces asiles de douleur, ils les assié-
geaient !.....

» Ceux de nous que ces abris sauvèrent, trouvèrent le lendemain leurs compagnons glacés autour
de leurs feux éteints. Pour sortir de ces catacombes,
il fallut que, par un horrible effort, ils gravissent
par-dessus les monceaux de ces infortunés dont
quelques-uns respiraient encore.....

» Des soldats brûlèrent des maisons debout et tout
entières, pour se chauffer quelques instants. La
lueur de ces incendies attira des malheureux que
l'intensité du froid et de la douleur avait exaltés
jusqu'au délire ; ils accoururent en furieux et, avec
des grincements de dents et des rires infernaux,
ils se précipitèrent dans ces brasiers, où ils périrent
dans d'horribles convulsions. Leurs compagnons
affamés les regardaient sans effroi ; et il y en eut
même qui attirèrent à eux ces corps défigurés et
grillés par les flammes, et il est trop vrai
qu'ils osèrent porter à leur bouche cette révoltante
nourriture !..... »

6.

Deux rois, un prince, huit maréchaux suivis de quelques officiers, des généraux à pied, dispersés et sans aucune suite, enfin, quelques centaines d'hommes de la vieille Garde encore armés — étaient les restes de la Grande Armée......

# LES MARÉCHAUX

Si la Grande Armée manquait d'ordre et de discipline, c'est que les rois et les maréchaux, princes et ducs qui la commandaient ne voulaient ni se maîtriser, ni exécuter les ordres de Napoléon.

Il est généralement connu que, dès le début de la campagne, le roi de Westphalie, irrité des reproches que lui avait justement attirés la lenteur de ses opérations, quitta son corps sans se faire remplacer, sans même communiquer à aucun des généraux les ordres qu'il tenait du quartier général.

Les rapports entre le maréchal Berthier, chef de l'état-major, et le maréchal Davout, entre ce dernier et Murat, ainsi qu'avec plusieurs autres officiers supérieurs, étaient à ce point tendus, que le succès de la cause commune en était compromis. — En 1809 Berthier avait été pendant quelques jours le chef de Davout, qui avait gagné une bataille et sauvé l'armée en lui désobéissant —

de là une haine terrible. — Leur première
entrevue, après cet événement, eut lieu en présence
même de l'Empereur, quelques jours avant la campagne de Russie. Une violente altercation s'engagea entre eux. — Davout fut dur et agressif ;
il s'emporta jusqu'à accuser Berthier d'incapacité
ou de trahison. — Tous deux échangèrent des
menaces.

Il est certain que Berthier ne se distinguait pas
par l'initiative ; il n'était que l'écho fidèle de
l'Empereur ; tout son mérite était dans son activité
et dans sa mémoire. Fidèle au principe de Napoléon
« de ne jamais diviser les forces principales, mais
de les concentrer toutes en un seul point », il
n'approuva pas la campagne de 1812, mais il se
résigna et se soumit à la nécessité, sans conviction,
sans entraînement, sérieusement inquiété par la
situation des Français en Espagne.

Quant à Davout, c'était le meilleur stratégiste
des compagnons de Napoléon, mais il était tracas-
sier, jaloux et vindicatif. Le génie méthodique et
tenace de Davout tranchait avec l'impatiente
ardeur de Murat. De là de continuels malentendus
entre les deux chefs d'armée, anciens frères
d'armes, à peu près du même âge, qui avaient
acquis tous les honneurs, et qui, accoutumés à
obéir à Napoléon seul, ne savaient pas commander
à eux-mêmes, Murat surtout. Les rapports entre
Murat et Davout sont si particuliers et donnent une
si fidèle caractéristique de l'état des choses dans le

commandement de la Grande Armée, qu'il vaut la peine de s'y arrêter.

Davout, mis sous les ordres du roi de Naples, se résigna, mais à contre-cœur. Il avala la couleuvre, mais de mauvaise grâce, et obéissait, dit Ségur, « comme la fierté blessée sait obéir. — Il affecta de cesser aussitôt toute correspondance avec l'Empereur. Celui-ci, surpris, lui ordonna de la reprendre, alléguant un peu de défiance pour les rapports de Murat. Davout s'autorisa de cet aveu. Il ressaisit son indépendance..... Dès lors l'avant-garde eut deux chefs..... » Dans une rencontre, au plus fort du danger, une batterie du prince d'Eckmühl refusa deux fois de tirer, malgré les ordres de Murat. Son commandant fit valoir ses instructions qui lui défendaient, sous peine de destitution, de tirer sans l'ordre de Davout.

Le lendemain, cet incident fut le sujet d'une grande querelle entre Murat et Davout devant l'Empereur..... Le roi reprocha au prince une circonspection lente et surtout une inimitié qui datait de l'Egypte. Il s'emporta jusqu'à lui dire que, s'ils avaient un différend, ils devaient le vider entre eux seuls, mais que l'armée ne devait pas en souffrir. — Davout irrité accusa le roi de témérité :

Il fallait enfin que l'Empereur sût ce qui se passait chaque jour à son avant-garde..... La retraite des Russes se faisait avec un ordre admirable. Le terrain seul la leur dictait et non Murat.

Leurs positions étaient si bien choisies, prises si à propos, défendues chacune tellement en raison de leur force et du temps que leur général voulait gagner, qu'en vérité leurs mouvements semblaient tenir à un plan arrêté depuis longtemps, tracé soigneusement et exécuté avec une scrupuleuse activité. — Jamais ils n'abandonnaient un poste qu'un instant avant de pouvoir y être battus. — Le soir ils s'établissaient de bonne heure, dans une bonne position, ne laissant sous les armes que les troupes absolument nécessaires pour la défendre, tandis que le reste se reposait et mangeait. Et Davout ajoutait : « Que, loin de profiter de cet exemple, le roi ne tenait compte ni de l'heure, ni de la force des lieux, ni de la résistance ; qu'il s'opiniâtrait au milieu de ses tirailleurs, s'agitant devant la ligne ennemie, la tâtant de tous côtés, s'irritant, donnant ses ordres à grands cris, perdant la voix à force de les répéter, épuisant tout : gibernes, caissons, hommes et chevaux, combattants ou non-combattants, et tenant tout le monde sous les armes jusqu'à la nuit close..... C'était une pitié que d'entendre les soldats errer dans l'obscurité, cherchant comme à tâtons des fourrages, de l'eau, du bois, de la paille, des vivres ; puis ne plus retrouver leurs bivouacs et s'appeler, pour se reconnaître, pendant toute la nuit......

» Et ce n'était pas l'avant-garde seule qui souffrait ainsi, c'était toute la cavalerie..... elle périssait. Au reste, Murat était le maître d'en disposer, mais pour l'infanterie du premier corps, tant qu'il la commanderait, il ne la laisserait pas ainsi prodiguer. »

Le roi ne resta pas sans réponse. — On vit l'Empereur les écouter en se jouant avec un boulet russe qu'il poussa de son pied. Il semblait qu'il y avait dans cette mésintelligence entre les chefs quelque chose qui ne lui déplaisait pas..... Quand il les congédia, il dit doucement à Davout qu'on ne pouvait pas réunir tous les genres de mérite, qu'il savait mieux livrer une bataille que pousser une avant-garde, et que si Murat avait poursuivi Bagration en Lithuanie, peut-être ne l'aurait-il pas laissé échapper !..... Après quoi, il les renvoya avec l'ordre de s'entendre mieux à l'avenir. Les deux chefs retournèrent à leur commandement et à leur haine.

Le conseil de l'Empereur ne fut guère suivi, à en juger par le rapport du général Belliard, sur le combat de Viazma, que Ségur a transcrit : « Au delà de la Viazma, derrière un ravin, sur une position avantageuse, l'ennemi s'est montré en force et prêt à combattre. Aussitôt de part et d'autre la cavalerie s'est engagée et l'infanterie devenant nécessaire, le roi lui-même s'est mis à la tête d'une division de Davout et l'a ébranlée pour la porter sur l'ennemi ; mais le maréchal est accouru, criant aux siens d'arrêter, blâmant hautement cette manœuvre, la reprochant durement au roi, et défendant à ses généraux de lui obéir ; qu'alors

Murat en a appelé à son grade, au moment qui pressait, mais vainement ; enfin il envoya déclarer à l'Empereur son dégoût pour un commandement si contesté, ajoutant qu'il fallait opter entre lui et Davout.

» A cette nouvelle, Napoléon s'emporte, il s'écrie que Davout oublie toute subordination..... qu'il méconnaît son beau-frère, celui qu'il a nommé son lieutenant!... Bref, il donna raison à Murat.

» Mais plus tard à mesure que les expressions du maréchal se retraçaient à la mémoire du roi, raconte Ségur, son sang s'embrasait de plus en plus, de honte et de colère. On l'avait méconnu, outragé publiquement et Davout vivait encore!. et il le reverrait!.... Que lui faisaient la colère de l'Empereur et sa décision? C'était à lui-même à venger son injure! Qu'importe son rang? C'est son épée seule qui l'a fait roi; c'est à elle seule qu'il en appelle! Et déjà il saisissait ses armes pour aller attaquer Davout quand Belliard l'arrêta, en lui opposant les circonstances, l'exemple à donner..... »

Ce général vit le roi maudire sa couronne, et chercher à dévorer son affront; mais des larmes de dépit roulaient dans ses yeux et tombaient sur ses vêtements.

Pendant qu'il se tourmentait ainsi, Davout, s'opiniâtrant dans son opinion, disait que l'Empereur était trompé et demeurait tranquille — lui-même — dans son quartier général.

Malheureusement les accusations de Davout n'étaient que trop fondées ; plus d'une fois, l'impétuosité de Murat gâta les affaires. — La division de Neverowsky put se retirer après avoir soutenu honorablement et avec le plus grand sang-froid plus de quarante attaques de la cavalerie à la tête de laquelle était le roi de Naples — preuve des plus évidentes du mauvais effet produit par la fougue et l'inconséquence.

Après avoir perdu sa cavalerie, Murat ne joua plus aucun rôle ; à la fin de la campagne, pendant la retraite, il allait tranquillement en voiture avec Napoléon, comme lui enveloppé dans ses fourrures ou le suivait à pied, un bâton de bouleau à la main.

Le corps de Davout ne put supporter tous les désastres de cette retraite, Chambrey le dit formellement : « Après l'affaire de Viazma, Napoléon reçut un rapport de Ney, qui lui faisait connaître, sans déguisement, les funestes résultats du combat.....
« De meilleures dispositions auraient pu produire
» un résultat plus favorable. — Ce que cette journée
» a de plus fâcheux, c'est que mes troupes ont été
» témoins du désordre du premier corps : c'est un
» exemple funeste qui ébranle le moral du soldat.
» Je dois la vérité à Votre Majesté et quelque répu-
» gnance que j'éprouve à blâmer les dispositions
» de l'un de mes camarades, je ne puis m'empêcher,
» Sire, de vous déclarer que je ne puis répondre de
» la retraite comme si je la commandais seul.....»
Ségur enregistrait aussi :

« Napoléon se plaignait de la lenteur de Davout : il lui reprochait d'être encore à cinq marches derrière lui, quand il n'aurait dû être attardé que de trois journées ; il jugeait le génie de ce maréchal trop méthodique pour diriger convenablement une marche si irrégulière..... L'armée entière répétait ces plaintes..... Ses manœuvres et des fourrages entrepris régulièrement avaient fait perdre un temps toujours précieux en retraite.....

» A cela Davout répliquait par son horreur naturelle pour toute espèce de désordre..... Il s'était efforcé de couvrir les débris de cette fuite, craignant la honte et le danger de laisser à l'ennemi ces témoins de notre désastre..... Ignorait-on encore que toute la foule désolée des traîneurs des autres corps, à cheval, à pied, en voiture s'ajoutait à ces embarras..... Chaque jour, il marchait entre ces malheureux et les Cosaques, poussant les uns et poussé par les autres. »

Enfin, Napoléon perdait patience et le baron Fain cite cet ordre donné au maréchal Berthier : « Mon cousin, écrivez au duc d'Elchingen qu'aussitôt qu'il aura pris le commandement de l'arrière-garde, il fasse filer l'armée le plus vite possible. Car on use ainsi le reste du temps sans marcher ; le prince d'Eckmühl retient le vice-roi et le prince Poniatowski pour chaque charge de Cosaques qu'il aperçoit. »

Davout s'était fait l'exécuteur des hautes-œuvres de Napoléon : « Le prince d'Eckmühl, dit

Fezensac, commandant l'arrière-garde, était chargé de mettre partout le feu et jamais ordre ne fut exécuté avec plus d'exactitude et même de scrupule. Il envoyait à droite et à gauche de la route des détachements pour incendier les châteaux et les villages, à d'aussi grandes distances que le permettait la ponrsuite de l'ennemi. »

« Celui de nos chefs, dit Ségur, que jusque-là on avait vu le plus rigoureux pour le maintien de la discipline, ne se trouva plus l'homme de la circonstance. Jeté hors de toutes ses idées arrêtées de régularité, d'ordre et de méthode, il fut saisi de désespoir à la vue d'un désordre si général et, jugeant avant les autres tout perdu, il se sentit lui-même prêt à tout abandonner..... »

Il continue : « Napoléon entra dans Orcha avec 10.000 homme de la Garde, reste de 35.000 ! Eugène avec 1.800 soldats, reste de 42.000 ! Davout avec 4.000 combattants, reste de 70.000 !

» Le maréchal lui-même avait tout perdu : il était sans linge et exténué de faim. Il se jeta sur un pain qu'un de ses compagnons d'armes lui offrit et le dévora. On lui donna un mouchoir pour qu'il pût essuyer sa figure couverte de frimas. Il s'écriait que des hommes de fer pouvaient seuls supporter de pareilles épreuves ; qu'il y avait impossibilité matérielle d'y résister ; que les forces humaines avaient des bornes ; qu'elles étaient toutes dépassées !..... »

Ney fut d'une autre trempe.

Dès Borodino, il ne cache pas sa façon de penser et ne ménage pas l'Empereur qui n'avait pas su profiter de sa victoire et l'achever en faisant donner sa Garde : « si l'Empercur est las de faire la guerre, qu'il f..... le camp aux Tuileries et qu'il nous laisse faire ce qu'il faut. »

Au milieu du désespoir et du désordre qui régnaient pendant la retraite, Ney fut le véritable héros de la Grande Armée. — Il n'est pas étonnant qu'il soit devenu presque légendaire.

De constitution très robuste, cet homme d'action n'était point sentimental.

« Le maréchal Ney, dit Fezensac, à qui je parlai de la mort de M. Alfred de Noailles, me dit, pour toute consolation, que c'était apparemment son tour et qu'enfin il valait mieux que nous le regrettions, nous, qu'il nous regrettât, lui ! Une autre fois, je l'entendis répondre à un malheureux blessé qui lui demandait de le faire emporter : Que veux-tu que j'y fasse ? tu es une victime de la guerre, et il passa son chemin. »

Le trait suivant n'est pas moins caractéristique. Lorsque Ney, abandonné par Davout à Smolensk, eut perdu ses hommes, ses bagages et son artillerie et eut pourtant rejoint Napoléon, en s'engageant par des chemins perdus dans les marais et les forêts, le prince d'Eckmühl vint à lui et tenta une justification. Ney lui coupa la parole : « Je ne vous reproche rien, Monsieur le maréchal, Dieu nous voit et vous juge. »

Lorsque Ney fut nommé au commandement de l'arrière-garde, « *il vit bien*, dit Ségur, qu'il fallait une victime et qu'il était désigné ; il se dévoua, acceptant tout entier un danger grand comme son courage.....

» Les Russes s'avançaient à la faveur d'un bois et de nos voitures abandonnées ; de là ils fusillaient les soldats de Ney.... Ceux-ci lâchent prise, s'autorisant de leur faiblesse de la veille, fuyant parce qu'ils avaient déjà fui..... Mais Ney se jette au milieu d'eux, arrache une de leurs armes, et les ramène au feu que lui-même recommence, exposant sa vie en soldat, le fusil à la main, comme lorsqu'il n'était ni époux, ni père, ni riche, ni puissant et considéré..... En même temps qu'il redevient soldat, il reste général : il s'aide du terrain, s'appuie d'une hauteur, se couvre d'une maison palissadée.....

» Par cette action, Ney donna vingt-quatre heures de répit à l'armée..... Le lendemain et tous les jours suivants, ce fut un même héroïsme : de Viazma à Smolensk, il combattit dix jours entiers..... »

L'histoire militaire renferme peu d'exemples de cas difficiles dont on se soit tiré avec plus d'honneur que ne l'a fait Ney, abandonné dans sa marche de Smolensk sur Krasnoïe, par le reste de l'armée française.

Un véritable piège fut tendu par les Russes à l'arrière-garde de la Grande Armée ; leurs troupes lui coupèrent absolument le passage. Voici le récit russe : « L'ennemi tenta vainement de percer nos lignes et reçut à la distance de deux cent quarante pas une décharge générale de mousqueterie et de quarante pièces de canons. — L'effet de ce feu lui fut très fatal..... A minuit, tout le corps d'armée de l'ennemi, montant à douze mille hommes, fut obligé de mettre bas les armes; toute l'artillerie, composée de vingt-sept pièces de canons, tout le bagage et la caisse militaire furent les fruits de notre victoire..... Le maréchal Ney fut blessé, mais il se sauva poursuivi par les Cosaques..... »

En réalité, Ney qui avait essayé de se faire jour à la baïonnette, put, en profitant de l'obscurité, s'échapper avec près de trois mille hommes. — Il est vrai que le moyen de salut ne fut pas absolument correct — Fezensac l'avoue : « A peine le maréchal Ney avait-il mis son avant-garde à l'abri du feu de l'artillerie, qu'un parlementaire, envoyé par le général Miloradovitch, vint le sommer de mettre bas les armes..... Le maréchal, pour toute réponse, fit le parlementaire prisonnier. »

Ney, ne pouvant passer, retournait à Smolensk — là il abandonnait la grande route et se dirigeait par n'importe quels chemins sur Orcha. — Cette marche en arrière a un caractère fantastique : c'est un prodige d'audace et de courage. Quand il prit cette résolution, « la figure du maréchal, continue Fezensac, n'exprimait ni indécision, ni inquiétude; tous les regards se portaient sur lui, personne n'osait l'interroger. Enfin, voyant près de lui un

officier de son état-major, il lui dit à demi voix :
« Nous ne sommes pas bien. » — « Qu'allez-vous
faire? » répondit l'officier. — « Passer le Dnieper. »
— « Où est le chemin? » — « Nous le trouverons. »
— « Et s'il n'est pas gelé? » — « Il le sera. » —
« A la bonne heure, » dit l'officier.

Tout se réalisa comme Ney *avait voulu* le prévoir.

Le détachement trouva un paysan boiteux qui
lui servit de guide. La glace du fleuve portait à
peine et le passage ne s'effectua qu'avec de grandes
difficultés, il fallut abandonner ce qui restait de
bagages.

Le lendemain, les Cosaques étaient à la poursuite
de la petite colonne qui atteignit enfin Orcha, après
une marche de deux jours à travers bois, en faisant
continuellement le coup de feu.

Ce fut grande joie dans l'état-major et l'armée
quand Ney, qu'on croyait perdu et qu'on s'accusait
d'avoir sacrifié, reparut. — Ce fut le prince Eugène
qui le vit le premier. Il se jeta dans les bras du
maréchal en pleurant! Quand, à deux lieues de là,
l'Empereur, qui dînait à Baranovo, avec le prince
de Neufchâtel et le duc de Dantzig, apprit par Gourgaud que le duc d'Elchingen était retrouvé, il se
leva aussitôt et lui saisissant les deux bras : « Est-
ce bien vrai? » lui dit-il avec émotion. — ..... Ne
pouvant plus douter de la bonne nouvelle, il s'écria :
« J'ai deux cents millions dans mes caves des Tuileries, je les aurais donnés pour sauver le maréchal Ney. » (Baron Fain.)

Quelque brillante qu'ait été la valeur de Ney dans le combat de Krasnoïé, si l'on rapproche les résultats de cette funeste affaire de ce qu'en dit Napoléon dans le XXIXe Bulletin où il parle de victoire, on ne peut s'empêcher de sourire — des quinze mille hommes qui avaient combattu avec le maréchal à Krasnoïe, huit à neuf cents au plus arrivèrent avec lui à Orcha !

Le général Dumas dira le dernier mot sur l'épopée du « brave des braves », à la frontière.

« A Gumbinen on venait de nous servir d'excellent café à déjeuner, lorsque je vis entrer un homme vêtu d'une redingote brune ; il portait une longue barbe ; son visage était noirci et semblait brûlé, ses yeux étaient rouges et brillants. « Enfin ! me voilà ! dit-il. Eh quoï ! général Dumas, vous ne me reconnaissez-pas ? » — « Non, qui êtes-vous donc ? » —..... « Je suis l'arrière-garde de la Grande Armée — le maréchal Ney. »

# NAPOLÉON I<sup>er</sup> EN RUSSIE

Les rapports ouvertement hostiles de Napoléon avec la Russie datent de l'entrevue de Dresde. Mais déjà après qu'Alexandre I<sup>er</sup> eut rejeté la demande de l'Empereur, qui sollicitait la main de sa sœur, le bruit se répandit parmi les personnes bien renseignées de la cour de France que Napoléon avait l'intention de rabattre l'orgueil de la Russie et de lui donner, une fois pour toutes, une bonne leçon. Dès lors, Sa Majesté prit pour la première fois une position menaçante, pour le cas où Alexandre ne se raviserait pas et ne fléchirait pas devant lui, à la face de l'Europe, solennellement.

Alexandre ne fléchit pas : il brava la colère de Napoléon et cet affront fut d'autant plus sensible à l'Empereur des Français qu'il lui était impossible de le dissimuler et de renoncer à l'attitude prise. Le vin était tiré, disait-il lui-même, il fallait le boire.

7.

Cette époque de l'entrevue de Dresde « était le temps de la plus haute puissance de Napoléon, dit le baron Fain, son luxe et sa magnificence durent le faire paraître un roi d'Asie. Là, comme à Tilsitt, il gorgea de diamants tous ceux qui l'approchèrent..... L'Empereur d'Autriche se plaît à lui répéter « qu'il peut compter sur l'Autriche pour le triomphe de la cause commune. » Le roi de Prusse lui réitère « l'assurance d'un attachement inviolable au système qui les unit »... « Napoléon est le roi des rois. Sur lui sont tournés tous les regards ; l'affluence des étrangers, des militaires, des courtisans ; l'arrivée et le départ des courriers ; la foule se précipitant à la porte du palais, dès le moindre mouvement de notre Empereur, se pressant sur ses pas, le contemplant avec cet air que donnent l'admiration et l'étonnement ; l'attente des événements peints sur tous les visages »..... tout concourt à faire de Napoléon, dans le luxe et la magnificence de la cour impériale à Dresde, une sorte de Grand Mogol.

« Le lever de Napoléon, complète Ségur, offrait un spectacle remarquable : des princes souverains y vinrent attendre l'audience du vainqueur de l'Europe ; ils étaient tellement mêlés à ses officiers, que souvent ceux-ci s'avertissaient de prendre garde et de ne point froisser involontairement ces nouveaux courtisans. »

Les préparatifs pour cette guerre étaient immenses et l'on se perdait en conjectures, quand, raconte

René Bourgeois, « le départ précipité de Tczernicheff, ainsi que les circonstances qui accompagnèrent cet événement, aidèrent à soulever un coin du voile et dès lors on commença à penser que toutes ces forces pourraient bien être destinées à agir contre la Russie..... Mais, loin de nous signaler officiellement l'ennemi commun sur lequel allaient fondre toutes ces forces réunies, il était même défendu par un ordre du jour de parler de guerre.....

» L'armée, la plus belle, sans contredit, qui ait jamais existé, était à cette époque dans l'état le plus florissant. Elle consistait en douze corps d'infanterie de 20.000 hommes chacun, en trois corps de cavalerie de la même force, ce qui, joint à 40.000 hommes de garde, à l'artillerie, au génie et aux équipages, pouvait donner un total de 400.000 combattants, parmi lesquels on comptait 300.000 Français..... Cette armée formidable traînait à sa suite 1.200 bouches à feu et plus de 10.000 caissons ou voitures de bagages..... Une pareille armée, accoutumée à vaincre, fière de sa renommée, pleine de confiance en des chefs dignes d'elle et commandée par un homme que, depuis longtemps, on ne voyait qu'à travers les prestiges dont l'environnaient vingt années des succès les plus brillants, pouvait être regardée comme invincible..... » Et Fain ajoute » : Toute la jeunesse militaire regardait cette expédition de Russie comme une partie de chasse de six mois. L'armée se précipitait vers cette entreprise avec l'assurance du succès et l'appétit de l'avancement. C'était à qui en serait. On disait : Nous partons pour Moscou, nous reviendrons bientôt. »

Un Allemand qui a écrit sur la campagne de 1812 dit qu'il était question de rendre à la Prusse des possessions équivalentes à celles qu'elle avait perdues et de créer son souverain Empereur du Nord.....

Napoléon lui-même ne disait-il pas dans une proclamation rappelée par Durdent : « Au commencement de juillet nous serons à Pétersbourg, je punirai l'Empereur Alexandre ;..... le roi de Prusse sera Empereur du Nord. »

Des personnes — au courant — assuraient que si les Russes ne faisaient point la paix cet hiver-là (1812), Napoléon partagerait leurs possessions européennes en deux parties, sous les dénominations de duchés de Smolensk et de Pétersbourg, et que l'Empereur Alexandre, si Napoléon daignait le laisser sur le trône, n'exercerait plus de pouvoir qu'en Asie.

De son côté, la presse française ne ménageait guère les Russes : à l'en croire, la nation était du bétail à face humaine et si le Russe bravait la mort dans les combats, ce n'était que par crainte du knout, etc.....

Boutourline raconte que « le comte de Narbonne, envoyé à Wilna, avoua lui-même qu'il trouva l'Empereur Alexandre dans la meilleure attitude ; la réponse qu'il rapporta à Dresde fut que l'Empereur de Russie s'en référait absolument aux communications que son ambassadeur avait faites à Paris. »

A propos de cette mission, la comtesse de Choiseul-Gouffier dit : « L'Empereur reçut avec sa gracieuseté accoutumée et invita à dîner le comte de Narbonne, qui était le seul au milieu de la cour toute militaire de Napoléon, qui eût conservé les formes anciennes et une manière de s'exprimer qui le rendît digne de se faire entendre d'un souverain éclairé et poli, tel qu'était Alexandre. Toutes les primeurs de fruits étaient envoyées des terres impériales par les courriers et le comte dit : « Sa » Majesté devrait bien nous céder son chef d'office, » car nous n'en avons pas de pareil à Paris..... »

A Dresde, on attendait fiévreusement la solution de la question. Le baron Fain nous la donne : « Le 28 mai, un chariot de poste entre tout poudreux dans les cours du palais de Dresde. — C'est Narbonne qui revient rendre compte de sa mission. Il a été reçu à Wilna. Il a vu l'Empereur Alexandre; mais ce prince, *sans jactance comme sans abattement*, n'en paraît pas moins inébranlable dans la résolution qu'il a prise..... »

Suivant le même auteur, Alexandre aurait répondu : « Une considération majeure ne m'échappe pas et quoiqu'on évite de m'en parler, je ne veux pas en faire un mystère. Je sais bien que je ne suis pas aussi grand capitaine que l'Empereur Napoléon et que je n'ai aucun général à lui opposer. Je le sais et cela seul devrait convaincre du désir que j'ai de conserver la paix. » Et il ajoute : « Neuf ans après, Alexandre, revenant à cette époque, fit demander à Napoléon (à Sainte-Hélène) pourquoi il avait refusé la paix à Wilna? C'est, répondit Napoléon, que dans les termes de la proposition, il fallait un mois pour s'entendre et que ce délai pouvait faire perdre toute la campagne, des préparatifs immenses et des alliances qui ne se retrouvent plus. »

Dès lors Napoléon déclara qu'une fatalité inévitable entraînait la Russie vers sa ruine et il s'annonça comme l'exécuteur des hauts destins, d'après lesquels les Moscovites, ces barbares, ennemis de la culture européenne, devaient être repoussés jusque dans les plaines de l'Asie.

Il prit l'offensive, mais — pour mieux surprendre son ennemie — sans déclaration de guerre.

« Les équipages de l'Empereur, dit Denié, se composaient de 70 caissons attelés de 8 chevaux, de 20 voitures ou calèches, de 40 mulets de bât, de service léger et de 200 chevaux de main. »

D'après Gourgaud, l'un de ses aides de camp, l'Empereur ne restait pas oisif pendant le trajet en voiture..... « Une lumière disposée dans le fond de la voiture l'éclairait pendant les voyages de nuit et lui permettait de travailler comme s'il eût été dans son cabinet. Aux portières marchaient toujours ses aides de camp et ses officiers d'ordonnance et une brigade de ses chevaux de selle suivait avec l'escorte. »

C'est dans une de ces voitures, nous raconte Ségur, que Napoléon fut transporté jusqu'au Niémen : — « Il monta à cheval à deux heures du matin..... Comme il paraissait devant la rive, son cheval s'abattit tout à coup et le précipita sur le sol. Une voix s'écria : « Ceci est d'un mauvais présage ; un Romain reculerait ! » On ignore si ce fut lui ou quelqu'un de sa suite qui prononça ces mots.

J'emprunte au volume de M. Bertin, le récit du comte Soltyk, général d'artillerie polonaise, qui est caractéristique :

« A l'arrivée de l'Empereur, quelques officiers parmi lesquels je me trouvais ainsi que le major du régiment (Suchorzewski) accoururent. Napoléon fit rapidement quelques pas vers le major et lui demanda où était le commandant du régiment : Suchorzewski, sans se déconcerter de l'absence du colonel qui reposait encore, répondit qu'il le remplaçait et qu'il était prêt à recevoir ses ordres. Alors l'Empereur lui demanda la route de Niémen et s'informa où étaient les avant-postes. Il fit diverses autres questions sur la position des Moscovites. Tout en continuant ses interrogations, il demanda à changer d'habit, voulant prendre l'uniforme polonais, car il avait été convenu ou plutôt ordonné qu'aucun soldat français ne serait montré aux Moscovites. Il mit donc bas son habit, le prince de Neufchâtel fit de même, Suchorzewski, moi et le colonel Pagowski, qui venait d'accourir, suivîmes son exemple, ainsi que le général Bruyères ; de

sorte que nous nous trouvâmes cinq ou six personnes en chemise au milieu du bivouac entourant
l'Empereur et chacun de nous tenant son uniforme
à la main. Les Polonais offraient les leurs aux
Français, ce qui présentait un tableau singulière-
ment original. De tous nos uniformes, la redingote
du colonel Pagowski et son bonnet de police con-
vinrent le mieux à l'Empereur. On lui avait présenté d'abord un bonnet d'officier de lanciers ;
mais il avait refusé, disant qu'il était trop lourd.
Tout cela fut l'affaire de quelques minutes. Berthier se revêtit aussi d'un uniforme polonais. On
amena promptement les chevaux du colonel. Napoléon monta sur l'un d'eux et Berthier sur l'autre ;
le lieutenant Zrelski, dont la compagnie tenait ce
jour-là les avant-postes, fut désigné pour accom-
pagner l'Empereur et lui servir de guide. Ils se
rendirent à Alexota, village distant d'une lieue du
point de départ, situé vis-à-vis de Kowno, et qui
n'est éloigné que d'une portée de canon. L'Empereur mit pied à terre dans la cour d'une maison,
appartenant à un médecin, dont les fenêtres avaient
vue sur le Niémen, et d'où l'on apercevait facilement les environs. (J'avais moi-même, trois jours
auparavant, levé le plan de Kowno de ce même
point.) De là, Napoléon reconnut parfaitement le
pays, sans pouvoir lui-même être aperçu : ses chevaux furent soigneusement cachés dans la cour.
Après avoir terminé cette reconnaissance, Napoléon revint à notre bivouac. Il voulut avoir des dé-

tails sur la position des ennemis. Le colonel lui ayant
dit que je connaissais parfaitement les environs, en
ayant fait récemment la reconnaissance, il m'a-
dressa plusieurs questions sur les divers gués pra-
ticables qui pouvaient s'y trouver, sur la confor-
mation et les accidents de terrain, sur la position
des ennemis. L'Empereur me demandait surtout où
se trouvaient les masses Moscovites, si c'était sur
la rive gauche ou sur la rive droite de la Wilia. Il
désirait sans doute savoir si la route de Wilna était
ouverte, voulant marcher dans cette direction
avec des masses principales, afin de s'emparer du
centre des opérations et couper les corps ennemis
qui se trouvaient disséminés le long du Niémen.

» Au retour de Napoléon, nous remarquâmes un
changement visible sur sa figure ; il avait l'air gai,
et même d'une humeur enjouée, étant sans doute
satisfait de l'idée de la surprise qu'il préparait aux
Moscovites pour le lendemain, dont il avait calculé
d'avance les résultats. On lui apporta d'abord quelques rafraîchissements qu'il mangea au milieu de
nous sur la grande route ; il semblait prendre plaisir à son travestissement et nous demanda à deux
reprises si l'uniforme polonais lui allait bien.
Après avoir déjeuné, il nous dit en riant : « A pré-
» sent il faut rendre ce qui n'est pas à nous. » Puis
il ôta les vêtements qu'il avait empruntés, reprit
son uniforme de chasseur de la Garde, remonta en
voiture accompagné de Berthier, et partit brusquement. Le même jour, il visita d'autres points du

Niémen et choisit celui de Poniémon pour franchir le fleuve. Le général Haxo l'accompagnait dans sa course. »

« Sa reconnaissance faite, achève Ségur, il ordonna qu'à la chute du jour suivant, trois ponts fussent jetés sur le fleuve..... puis il se retira dans son quartier où il passa cette journée tantôt dans sa tente, tantôt dans une maison polonaise, étendu sans force dans un air immobile, au milieu d'une chaleur lourde et cherchant en vain le repos.....

» Napoléon se hâta de poser le pied sur les terres russes. Il fit sans hésiter ce premier pas vers sa perte. Il se tint d'abord près du pont, encourageant les soldats de ses regards. — Tous le saluèrent de leurs cris accoutumés ! »

« Napoléon, dit Boutourline, avec ses Gardes, les corps de Davout, d'Oudinot et de Ney, les corps de cavalerie de Nansouty, de Montbrun et de Grouchy, en tout 250.000 hommes, se préparait à écraser la première armée d'Ouest, en tombant vivement sur le centre de cette armée, avant qu'elle fût rassemblée.....

» Le roi de Westphalie, avec le corps de Junot et ceux de Poniatowsky, de Regnier et celui de cavalerie de Latour-Maubourg formant une masse de 80.000 hommes, devait exécuter la même manœuvre contre la deuxième armée.

» Le vice-roi d'Italie, avec une armée aussi d'environ 80.000 hommes, composée de son corps et de celui de Saint-Cyr, était destiné à se jeter entre les deux armées russes pour couper les communications.

» A la gauche, le maréchal Macdonald, avec son corps d'environ 30.000 hommes, devait pénétrer en Courlande pour menacer le flanc droit des Russes et Pétersbourg.

» A la droite, le prince de Schwartzenberg, avec les Autrichiens forts de 30.000 hommes aussi, devait contenir Tormassoff. »

Le plan était évidemment bien combiné. Boutourline ajoute : « Le mouvement des Français sur Wilna avait été si prompt, que le corps du général Docturoff et le détachement du général Dorotoff faillirent être coupés. »

Plusieurs fautes cependant furent commises. La lenteur du roi de Westphalie qui bientôt abandonna le commandement et quitta l'armée et l'irrésolution de l'Empereur lui-même détruisirent ce plan.

« L'armée russe de Bagration ne comptait guère plus de 82.000 combattants tandis que celle de Napoléon n'en avait pas moins de 180.000..... Il semble que l'Empereur avait entièrement perdu de vue que la route directe de Wilna à Smolensk devait être sa principale ligne d'opérations. — En suivant en masse cette ligne, il eût facilement réussi à dépasser la gauche de l'armée de Barclay et la droite de celle de Bagration et dès lors, il eût pu, avec avantage, se rabattre sur l'une ou l'autre, ou même, vu sa grande supériorité en nombre, sur les deux armées à la fois. »

L'Empereur n'en était pas moins arrivé à Wilna, le lendemain du départ d'Alexandre. Il y séjourna. — M<sup>me</sup> de Choiseul-Gouffier a conservé quelques épisodes de ce temps d'arrêt : Son passage dans une église pour entendre la messe. « Un huissier cria : l'Empereur ! — et je vis un petit homme, gros et court, en uniforme vert, échancré sur la poitrine et gilet blanc, qui s'élança comme une balle, entouré de maréchaux et prit place sur un fauteuil, devant un prie-Dieu. — Après la messe, il ressortit avec la même rapidité..... »

Puis c'est l'apparition de Napoléon à un bal : « Au premier signal, tous les ducs, maréchaux, coururent à se rompre le cou, avec des mines effa-rées et fort drôles en vérité, au-devant de l'Em-pereur. — On nous fit descendre l'escalier quatre à quatre..... Napoléon arriva en voiture, escorté par le grand écuyer, M. de Caulaincourt, à cheval. On lui présenta un marchepied, comme si la terre n'eut pas été digne d'être foulée par ce pied impé-rial. Il monta l'escalier aux cris de « Vive l'Empe-» reur ! » qui le poursuivirent jusqu'au salon..... Il commença par dire à haute voix : « Mesdames, » asseyez-vous ! » (1)

---

(1) « Le visage de Napoléon, dit encore M<sup>me</sup> de Choiseul, me parut sévère comme un buste antique, de la couleur d'un marbre jauni. » — Et plus loin : « La figure de Napoléon était agréable quand elle s'illuminait de son beau sourire et même, vue de près, sa pâleur n'avait rien de frappant Ce qu'il y a de sin-gulier c'est que sa physionomie annonçait plus de bonhomie que d'esprit..... Il était instruit des moindres cancans..... »

Napoléon, tout de même, pensait encore à la paix et comptait sur l'amitié d'Alexandre :

« L'éloignement des camps auquel Alexandre semble se condamner lui-même, dit le baron Fain, fournit à Napoléon un ample sujet de réflexion : — « Il est évident, dit-il, qu'on craint que nous ne » puissions trop facilement nous entendre. »

Cependant, lorsque l'occasion se présenta d'arriver à un accord, l'Empereur la laissa échapper : Le général russe Balacheff vint aux avant-postes français et fut présenté à Napoléon, à Wilna. Il lui parla au nom de l'Empereur Alexandre : « Si la guerre avait lieu, elle serait longue, désastreuse et avant de la commencer, l'Empereur de Russie déclarait solennellement qu'il n'en était pas l'auteur, car, malgré le départ de l'ambassadeur russe de Paris, la guerre n'avait pas été déclarée. — Il était encore temps de régler cette affaire. Il n'était pas trop tard même pour traiter encore. »

Ayant appris que l'homme qui s'était ainsi présenté en parlementaire, était ministre de la police, les Français le soupçonnèrent d'être venu seulement dans l'intention de gagner du temps et d'espionner. Ils croyaient voir dans sa mission un symptôme de faiblesse et de confusion de la part du gouvernement russe et ils rejetèrent ses propositions.

En vérité, comment Napoléon qui, à Paris, n'avait admis aucune explication, aurait-il pu, à Wilna, revenir sur sa décision. Et l'Europe ? Comment alors excuser ces dépenses, ces armements, ces mouvements de troupes ? Ce serait s'avouer à moitié vaincu. Ne s'était-il pas d'ailleurs lié aux alliés par de tels promesses que la retraite lui devenait doublement impossible ? — Emporté comme il savait l'être, Napoléon s'irrita, accabla de reproches le général russe, devint même grossier à l'égard de « son frère » Alexandre : Pourquoi est-*Il* venu à Wilna ? Que veut-*Il* ? *Il* prétend résister, *lui*, ce capitaine de parade ! Qui conseille donc Alexandre ? Au moins lui, Napoléon, peut se demander conseil à lui-même. Mais Kutusoff, parce qu'il est Russe, porte ombrage à son maître et Benningsen, trop vieux, est en enfance depuis six ans. Barclay est brave et sait son métier, mais c'est surtout pour battre en retraite, et il ajoute avec une pointe de malice : Vous croyez tous que vous savez faire la guerre, parce que vous avez lu Jomini; mais si on pouvait apprendre, en le lisant, l'art militaire, je n'en aurais pas permis la publication.

Il est inconcevable, qu'après de pareilles impertinences, adressées à « son frère et ami » Napoléon ait pu assurer plus tard ce « frère et ami » de son inviolable dévouement. D'autre part, il est facile de comprendre pourquoi le frère et ami resta, dans la suite, insensible à toutes les protestations et à toutes les avances de l'Empereur.

Et cependant il s'étonne de l'attitude d'Alexandre, il se fait lire les proclamations dont le cabinet de Saint-Pétersbourg est devenu prodigue; il se fait relire plusieurs fois par son interprète ces expressions de haine. Elles l'inquiètent. Qu'a-t-on pu dire et faire pour changer ainsi l'Empereur Alexandre?

Cela le préoccupe au point qu' « il prenait, dit René Bourgeois, le plus grand soin de cacher à son armée les manifestes russes. On nous peignait, au contraire, l'armée ennemie comme entièrement découragée et sur le point de se disperser d'elle-même, l'Empereur de Russie s'enfuyant à Saint-Pétersbourg pour y porter l'alarme, crier au secours et apaiser la colère du Sénat qui lui demandait compte de sa conduite ; ses généraux déconcertés, ses peuples aux abois et se portant d'eux-même au-devant du vainqueur pour implorer sa clémence...... »

Ségur nous a conservé l'ordre de marche des troupes françaises : « L'armée marche ensemble, prête à se ranger en bataille, l'Empereur à cheval au milieu..... On traversait les cours d'eau à des gués bientôt gâtés ; les régiments qui venaient ensuite passaient ailleurs, où ils pouvaient ; on s'en inquiétait peu : L'état-major général négligeait ces détails ; personne ne restait pour indiquer le danger, s'il y en avait, ou le chemin, s'il en existait plusieurs. Chaque corps d'armée semblait n'être là que pour lui..... »

Et Duverger est plus catégorique encore :

« On a beaucoup parlé de la retraite ; on n'a

point assez parlé de cette marche longue et pénible qui précéda nos désastres. Accablés par les feux d'un soleil dévorant, nous étions réduits à boire des eaux puantes, à manger des biscuits que l'on distribuait d'une main avare ..... La famine et la dysenterie détruisirent autant de soldats que la guerre.....»

Un autre témoin oculaire, Labaume, complète le tableau :

« Cette immense réunion d'hommes sur un même point, en augmentant notre misère, redoublait la confusion et le désordre qui régnaient sur les grandes routes, les soldats égarés cherchaient en vain leurs régiments ; d'autres, portant des ordres pressés, ne pouvaient les exécuter par l'encombrement des routes ; de là s'élevait sur les ponts et dans les défilés, un tumulte effroyable..... Nos soldats, depuis longtemps privés de leurs rations, ne subsistaient qu'en pillant les habitants ; de là naissaient une confusion extrême et cette fatale indiscipline, d'autant plus funeste, qu'elle est presque toujours le signe certain de la ruine d'une armée. »

Et, comparant ce désarroi dans l'attaque avec l'attitude et les mouvements de l'armée russe, Labaume ajoute : « En suivant le mouvement de l'avant-garde, nous fûmes surpris de voir l'ordre parfait avec lequel le comte Barclay de Tolly avait évacué sa position..... Pas une voiture abandonnée, pas un cheval mort, pas même un seul traînard. »

Ces détails sont confirmés par René Bourgeois : « Nous marchions, dit-il, sur des chemins de traverse à peine tracés et très difficiles, en ravageant tout ce qui se trouvait sur notre passage. Les grains en herbe étaient la nourriture ordinaire des chevaux. On bivouaquait au milieu des moissons, qu'on foulait aux pieds et qu'on arrachait sans scrupule, pour se faire des abris.

» Les soldats se répandaient dans les campagnes pour chercher des vivres, battaient les paysans, les chassaient de leurs habitations qu'ils pillaient de fond en comble ; emmenaient leurs bestiaux et se livraient, on doit l'avouer, aux excès les plus condamnables. »

L'armée française arriva devant Vitebsk. — Un grand mouvement d'officiers d'ordonnance et d'aides de camp autour de la tente — aussitôt dressée — de l'Empereur, et la concentration des troupes, indiquaient que l'ennemi n'était pas loin et qu'une bataille décisive se préparait.

L'Empereur sortit plusieurs fois, sa lunette à la main, et, appuyé sur l'épaule d'un officier ou d'un soldat, il examinait la ville et les collines environnantes. Au delà de Vitebsk on découvrait une vaste plaine où manœuvraient l'infanterie et la cavalerie russes (de la Fluze).

« Demain, ils seront à nous », dit l'Empereur.

Et il lança une proclamation enfiévrée :

« Nous devons terminer cette campagne par un coup de foudre ! Soldats, rappelez-vous d'Austerlitz et de Friedland! l'ennemi saura demain que nous n'avons pas dégénéré! »

Ces paroles furent accueillies par l'armée avec d'autant plus d'enthousiasme, que, fatiguée déjà, elle entrevoyait la fin de la guerre. L'ordre fut donné d'être en grande tenue le lendemain, comme pour une fête.....

Le lendemain, au soleil levant, la plaine était déserte; l'ennemi avait disparu.....

Voici ce que raconte de la terrible déception qu'éprouva Napoléon, un témoin oculaire, médecin militaire attaché au quartier général, M. de la Flüse, qui, prisonnier, resta en Russie, où il mourut âgé de cent dix ans.

« Le tambour du corps impérial battit : on releva les grenadiers de garde. Mes camarades et moi cherchâmes à savoir de l'officier qui venait d'être relevé de sa faction s'il ne savait rien de nouveau? Comme il se trouvait tout près de la tente impériale, il lui était facile d'apprendre quelque chose. Il nous dit que Napoléon était entré dans une véritable fureur en apprenant la retraite nocturne de l'armée russe. Le prince Poniatowski avait cependant reçu l'ordre de passer la Dwina, avec de la cavalerie et après avoir tourné les positions de l'ennemi, de lui couper la retraite. Quand il entra le matin dans la tente de l'Empereur, l'officier de service avait pu entendre ce qui s'était dit.

» Le prince avait rapporté à l'Empereur qu'il n'y avait aucune possibilité de passer la Dwina; qu'il n'avait pu trouver un gué, car les eaux de la rivière avaient crû, par suite d'un orage, et que, d'autre part, il n'avait pas de fourrage.

» Ce mot amena une vive altercation entre Napoléon et Poniatowski ; l'Empereur reprochant vivement au prince de n'avoir point exécuté ses ordres; Poniatowski de son côté ne voulant point se taire. « Vous vous excusez sur le manque de fourrage, » disait Napoléon. Je vous dirai qu'en Egypte je me » suis mis en campagne sans le moindre four- » rage. »

« Je ne sais, Sire, répondait Poniatowski, ce » que Votre Majesté donnait à manger à ses che- » vaux ; tout ce que je sais, moi, c'est que les » miens ne peuvent se passer de foin. Encore fau- » drait-il qu'ils pussent paître, si le foin manque. » C'est la seule manière de conserver de la cava- » lerie. Autrement je me trouverai daus la position » de Votre Majesté à Saint-Jean-d'Acre, dont elle » dut lever le siège, parce que, faute de chevaux, « l'artillerie n'avait pu arriver à temps. »

» Tous deux à ce moment élevèrent la voix ; quelques généraux qui se trouvaient chez l'Empereur prirent part à la discussion et le vacarme devint tel que je n'ai plus pu distinguer les paroles. Ainsi parla l'officier, ajoutant : « Si vous voulez entendre, » approchez-vous de la tente. »

» Nous fîmes donc semblant de nous promener, et nous approchâmes..... Nous distinguions très bien la voix de l'Empereur et celle de Poniatowski

et nous entendîmes celui-ci conclure très énergiquement : « Non, dans ce pays que je connais bien
» mieux que Votre Majesté, c'est impossible ; c'est
» tout à fait impossible ! »

» A ce moment, les deux sentinelles présentèrent
les armes. L'Empereur sortait de la tente ; nous
nous éloignâmes. »

Le mécontentement de l'Empereur fut difficile à
calmer et les occasions ne lui manquèrent pas de
le manifester. J'emprunte encore à de la Flüse le
récit suivant :

« Napoléon en passant une revue s'adressa à un
groupe d'officiers : « Le service va mal. Mes-
» sieurs, vous avez beaucoup de traînards. Vous-
» mêmes, vous logez chez les propriétaires ; les
» bivouacs vous fatiguent. La véritable bravoure
» dédaigne le mauvais temps ; l'honneur ne craint
» pas la boue ! Il n'y a plus de discipline ; sous
» prétexte de chercher des vivres, les soldats
» quittent leurs régiments, n'y reviennent pas et
» rôdent dans le pays qu'ils terrorisent. L'effectif
» de l'armée a déjà considérablement diminué,
» bien que nous n'ayons pas encore livré une seule
» bataille. — Il est indispensable de faire cesser
» ces désordres, Messieurs, et de punir sévèrement
» les hommes qui s'absentent sans permission. Si
» cela devait continuer, il ne nous resterait plus
» un corps à opposer à l'ennemi en cas d'attaque.
» Si les troupes commandées par Macdonald et
» par Oudinot ont été victorieuses, c'est qu'elles

» étaient au complet en arrivant sur les bords de la
» Dwina et de la Drissa. »

» Puis l'Empereur appela le baron Larrey —
Il était absent. On fit approcher le docteur Paulett,
chef de l'ambulance. — « Combien, lui demanda
» l'Empereur, pouvez-vous panser de blessés ? »
— « Dix mille, Sire. » — « Et, continua l'Empereur,
» combien faut-il de temps pour guérir un blessé ? »
— « Une trentaine de jours, Sire. » — « Mais alors,
» reprit Napoléon, nous n'avons pas de quoi secourir
» 400 blessés par jour. Il nous faudrait beaucoup
» plus de moyens. » — A ces mots, un murmure
étouffé se produisit dans la foule et quelqu'un dit :
« Combien de tués lui faut-il donc ? » — Sans
paraître avoir entendu et reprenant son entretien
avec le docteur, l'Empereur s'informa où se trouvaient la pharmacie et les médicaments. — « A
» Wilna, Sire, car les moyens de transport nous
» manquent. »

« Ainsi, s'écria l'Empereur, l'armée n'a pas de
» médicaments et je voudrais moi-même prendre
» un remède que je ne le pourrais pas !

« Une pharmacie spéciale, répliqua le docteur,
» est à la disposition de Votre Majesté. »

» Napoléon s'emporta : « Je suis, dit-il en élevant
» la voix, le premier soldat de l'armée et en cas
» de maladie, c'est au milieu de mes troupes et
» comme elles que je dois être traité. Où est le
» pharmacien en chef ? » — On lui répondit qu'il
était à Wilna.

« Comment, à Wilna ! le pharmacien en chef n'est
» pas à l'armée ! Qu'on le renvoie à Paris distribuer
» ses remèdes aux filles du quartier Saint-Honoré ;
» qu'on en nomme un autre et que tout ce qui
» tient aux ambulances rejoigne immédiatement !»

Cependant les illusions commençaient à tomber :
« Nous ne retrouvâmes point à Vitebsk, dit Mon-
tesquiou-Fezensac, l'enthousiasme de Wilna ; les
habitants nous reçurent plutôt comme des conquérants que comme des libérateurs..... » Et Bourgeois : « On peut dire qu'en général, les Lithuaniens se montrèrent peu empressés de rentrer dans
le sein de leur ancienne patrie, et que la conduite
qu'ils tinrent avec nous, fut moins celle d'un peuple
qui invoquait notre secours, pour l'arracher à une
domination odieuse, que celle d'un pays conquis,
forcé de reconnaître la loi du vainqueur. »

Et encore Labaume : « Pour en imposer aux
Lithuaniens, Napoléon cherchait à étonner le vul-
gaire. A la même audience, il parlait spectacle et
religion, de la guerre et des arts ; puis, montant à
cheval, il courait à toutes les heures de la journée ;
ensuite il rentrait dans son cabinet, après avoir fait
construire un pont ou des fortifications ; enfin souvent il affectait d'assister à un bal ou à un concert,
la veille d'une bataille. » Probablement, celle pour
les préparatifs de laquelle il quitta un jour Vitebsk.
Mais encore une fois, il ne put prendre contact avec
l'armée russe et il rentra dans la ville le 28 juillet,
le 16 du calendrier russe.

Il faut ici laisser la parole à Ségur :

« L'Empereur revint à Vitebsk avec ses Gardes. Là, le 28 juillet, en entrant dans son quartier impérial, il détacha son épée et, la posant brusquement sur les cartes dont les tables étaient couvertes, il s'écria : « Je m'arrête ici ; je veux m'y » reconnaître, y rallier et y reposer mon armée et » organiser la Pologne ; la campagne de 1812 est » finie ! Celle de 1813 fera le reste..... »

» On le vit alors parcourir Vitebsk et ses environs, comme pour reconnaître des lieux qu'il devait longtemps habiter. Des établissements de toute espèce y furent formés. — Trente-six fours qui pouvaient donner à la fois vingt-neuf mille livres de pain, s'y construisirent..... Déjà même, il songe aux plaisirs de l'hiver : Des acteurs de Paris viendront à Vitebsk ; et comme cette ville est déserte, des spectatrices de Varsovie et de Wilna y seront attirées.....

« Murat, dit-il, la première campagne de Russie » est finie ; plantons ici nos aigles. — Deux grands » fleuves marquent notre position ; élevons des » blockhaus sur cette ligne ; que les feux se croisent » partout ; formons le bataillon carré, des canons » aux angles et à l'extérieur. Que l'intérieur con-» tienne les cantonnements et les magasins. 1813 » nous verra à Moscou, 1814 à Pétersbourg : la » guerre de Russie est une guerre de trois ans..... » Ce jour-là, même, il interpelle hautement un administrateur par ces mots remarquables : « Pour vous,

» Monsieur, songez à nous faire vivre ici !
» Car, ajouta-t il à haute voix en s'adressant à
» ses officiers, nous ne ferons pas la folie de
» Charles XII ! »

Mais voilà qu'il venait d'apprendre la conclusion
de la paix entre la Russie et la Porte. — « Les
Turcs paieront cher leur faute, dit-il, elle dépasse
toutes mes prévisions. »

Il comprenait qu'un mouvement offensif de
l'armée de la Moldavie devenue libre, sur les derrières de l'armée française, était le résultat possible
et probable de cet événement et il jugeait que le
mieux serait de mettre au plus vite en déroute les
deux armées ennemies, qui se trouvaient en face
de lui.....

Il changeait donc encore une fois d'idée et devint
indécis, inquiet.

Rendons la parole à Ségur : « Dans sa perplexité,
il adresse des paroles entrecoupées à ceux qu'il
rencontre. — « Eh bien ! que ferons-nous ? — Res-
» terons-nous ? — Irons-nous plus avant ? Comment
» s'arrêter dans un si glorieux chemin ! — Il n'attend pas leur réponse, il erre encore, il semble chercher quelque chose ou quelqu'un qui le décide.
Enfin, tout surchargé du poids d'une si considérable pensée, et comme accablé d'une si grande
incertitude, il s'est jeté sur un des lits de repos qu'il
a fait étendre sur le parquet de ses chambres ; son
corps, qu'épuisent les chaleurs et la contention de
son esprit, n'a gardé qu'un léger vêtement. —

C'est ainsi qu'il passe à Vitebsk une partie de ses journées.

» Que de motifs le précipitent vers Moscou !

» Comment supporter à Vitebsk l'ennui de sept mois d'hiver ? Lui qui, jusqu'alors, a toujours attaqué, il va donc être réduit à se défendre ! rôle indigne de lui !..... L'Europe le verra donc arrêté, lui, que rien n'arrêtait !..... Laissera-t-il à la Russie le temps de s'armer tout entière ? Jusques à quand pourra-t-il prolonger cette position incer· taine, sans diminuer le prestige de son infaillibilité qu'affaiblissait déjà la résistance de l'Espagne, et sans faire naître en Europe un dangereux espoir ? Qu'allait-on penser en apprenant que le tiers de son armée, malades ou dispersés, manquait au drapeau ? Il fallait donc éblouir promptement par l'éclat d'une grande victoire et cacher sous un amas de lauriers tant de sacrifices ! Dès lors à Vitebsk, c'est l'ennui, c'est toute la dépense, ce sont tous les inconvénients, toutes les inquiétudes d'une position défensive qu'il considère ; — à Moscou, c'est la paix, l'abondance, les frais de la guerre et une gloire immortelle ! »

Mais le baron Fain nous fait voir le revers de ces rêves de gloire :

« Tandis, écrit-il, que l'Empereur médite de nouveaux coups plus décisifs, un grand refroidissement se manifeste autour de lui. Quinze jours de repos ont permis de réfléchir sur l'énorme distance où l'on se trouve et sur le caractère particulier que prend cette guerre. Ce qui peut la prolonger est blâmé; ce qui peut l'abréger est accueilli.

» L'Empereur qui désire avoir l'approbation de tous, même des plus timides, vient de réunir les principaux chefs de l'armée dans des conseils et c'est peut-être pour la première fois que ses lieutenants sont admis à opiner sur de pareilles matières.

» Plus on s'anime chez l'ennemi, répète-t-il, à ses généraux, moins nous devons ralentir l'activité de notre invasion. Pourquoi laisserions-nous aux peuples fanatisés de l'Orient le temps de vider leurs plaines immenses et d'accourir?.....

» Puis-je penser à prendre des quartiers d'hiver au mois de juillet? dit-il encore, une expédition comme celle-ci peut-elle se diviser en plusieurs campagnes ? Croyez-moi, la question est sérieuse et je m'en suis occupé.....

» Nos troupes se portent volontiers en avant. La guerre d'invasion leur plaît. Mais une défensive stationnaire et prolongée n'est pas dans le génie français. Nous arrêter derrière des rivières, y rester cantonnés dans des huttes, manœuvrer tous les jours pour être encore à la même place, après huit mois de privations et d'ennuis, — est-ce ainsi que nous sommes dans l'habitude de faire la guerre?

» L'hiver ne nous menace pas seulement de ses frimas, il nous menace encore d'intrigues diplomatiques qui peuvent se brasser derrière nous. Ces alliés, que nous venons de séduire, qui sont encore tout étonnés de ne plus nous combattre, et tout glorieux de nous suivre, — leur laisserons-nous le temps de réfléchir à la bizarrerie de leur politique nouvelle?

» Et pourquoi nous arrêter ici huit mois, quand vingt journées peuvent nous suffire pour atteindre le but? Prévenons l'hiver et les réflexions ! Il nous faut frapper promptement, sous peine de tout compromettre. — Il faut être à Moscou dans un mois, sous peine de n'y entrer jamais !..... »

« La paix dans Moscou, disait l'Empereur, accomplira et terminera mes expéditions de guerre. Alors un nouvel horizon et de nouveaux travaux ne tarderont pas à se dérouler ! Le système européen sera fondé ; il ne sera plus question que de l'organiser..... »

« La saison était avancée, dit Denié, et l'on regardait comme impossible de pousser plus loin. Telle était l'opinion du prince de Neufchâtel, qui hasarda de sages représentations à l'Empereur. Il les reçut fort mal : « Allez-vous en, lui dit-il, je » n'ai pas besoin de vous, vous n'êtes qu'une..... » Rentrez en France ! Je ne retiens personne de » force. »

Ségur reprend, à son tour :

» Sa résolution fixée, il importait à l'Empereur qu'elle ne mécontentât pas ses entours..... Mais, chacun, suivant son caractère, y apporta son opposition : Berthier, par une contenance triste, des plaintes et même des larmes; Lobau et Caulaincourt par une franchise qui, chez le premier, avait une

haute et froide rudesse..... et qui, dans le second,
était persévérante jusqu'à la violence.

» L'Empereur repoussa leurs observations avec
humeur; il s'écriait en s'adressant surtout à son
aide de camp ainsi qu'à Berthier : Qu'il avait fait
ses généraux trop riches ; qu'ils n'aspiraient plus
qu'aux plaisirs de la chasse, qu'à faire briller dans
Paris leurs somptueux équipages et que, sans doute,
ils étaient dégoûtés de la guerre !

» Pour Duroc, il désapprouva..... L'Empereur
lui répondit : Qu'il voyait bien que les Russes ne
cherchaient qu'à l'attirer ; mais, que pourtant, il
fallait aller encore jusquà Smolensk ; qu'il s'y établirait et qu'au printemps de 1813, si la Russie
n'avait pas fait la paix, elle était perdue ; que
Smolensk était la clef des deux routes de Pétersbourg et de Moscou ; qu'il fallait s'en saisir ; alors
il pourrait marcher en même temps sur ces deux
capitales, pour tout détruire dans l'une et tout
conserver dans l'autre.

» Ici, le grand maréchal lui fit observer qu'il ne
trouverait pas plus la paix à Smolensk et même à
Moscou qu'à Vitebsk; et que pour s'éloigner autant
de la France, les Prussiens étaient des intermédiaires
peu sûrs.....

» Daru vint à son tour..... L'Empereur demanda
à son ministre sa pensée sur cette guerre : Qu'elle
n'est point nationale, répondit Daru ; que l'intro-
duction de quelques denrées anglaises en Russie,
que même l'érection d'un royaume de Pologne ne

sont pas des raisons suffisantes pour une guerre si lointaine; que vos troupes, que nous-mêmes, nous n'en concevons ni le but, ni la nécessité et que du moins, tout conseille de s'arrêter ici.

» L'Empereur se récria : le croyait-on insensé? Pensait-on qu'il faisait la guerre par goût? Ne lui avait-on pas entendu dire que la guerre d'Espagne et celle de Russie étaient deux chancres qui rongeaient la France et qu'elle ne pouvait supporter à la fois ?

» Il voulait la paix; mais, pour traiter, il fallait être deux et il était seul. Voyait-on une seule lettre d'Alexandre lui parvenir ?

» Qu'attendait-il donc à Vitebsk? Des fleuves y marquaient, il est vrai, une position, mais pendant l'hiver, il n'y avait plus de fleuves en ce pays.

» Ainsi c'était une ligne illusoire qu'ils indiquaient, une démarcation plutôt qu'une séparation..... Tout manquait, jusqu'aux vivres!..... Si, dans Moscou on pourra tout prendre, ici, il faudra tout acheter..... Que s'il retournait à Wilna, on s'y nourrissait plus facilement, mais qu'il ne s'y défendrait pas mieux; qu'il faudrait donc reculer jusqu'à la Vistule et perdre la Lithuanie; tandis qu'à Smolensk, il trouverait ou une bataille décisive ou du moins une place et une position sur le Dnieper.....

» Que si l'on attendait toujours une réunion complète de circonstances favorables, on n'entreprendrait jamais rien; que pour finir il fallait commencer ; qu'il n'y a pas d'entreprise où tout concoure, et que dans tous les projets des hommes, le hasard à sa place ; qu'enfin la règle ne fait pas le succès, mais le succès la règle et que s'il réussissait par de nouvelles marches, on ferait d'après un nouveau succès, de nouveaux principes.

» Il n'y pas encore de sang versé, ajoute-t-il, et la Russie est trop grande pour céder sans combattre. Alexandre ne peut traiter qu'après une grande bataille : S'il le faut, j'irai chercher jusqu'à la ville Sainte cette bataille et je la gagnerai. La paix m'attend aux portes de Moscou. Mais l'honneur sauvé, si Alexandre s'obstine encore, eh bien ! je traite avec les Boyards, sinon avec la population de cette capitale..... Elle entendra ses intérêts, elle comprendra la liberté.

» Et il termina en disant : Que d'ailleurs Moscou haïssait Pétersbourg ; qu'il profiterait de cette rivalité ; que les résultats d'une telle jalousie étaient incalculables..... »

Enfin, voici la cause déterminante probable de la marche en avant de Napoléon d'après Ségur : « Dix mille chevaux russes, dans une rencontre d'avant-garde, avaient culbuté Sebastiani et sa cavalerie. L'intrépidité, le mérite du général qui venait d'être repoussé, son rapport, l'audace de l'attaque, l'espoir, le pressant besoin d'une bataille décisive, tout porta l'Empereur à croire que le nombre avait pu seul l'emporter..... »

Cependant les manœuvres de l'armée française

se ressentirent de l'hésitation de l'Empereur, et le plan habilement conçu de se lancer entre les deux armées russes et de battre chacune séparément, ne réussit point.

D'autre part, les efforts des armées russes pour se joindre le plus vite possible déconcertaient beaucoup l'envahisseur. Les Russes, depuis le Souverain jusqu'au dernier soldat, croyaient fermement qu'après cette jonction, il serait inutile de songer à la retraite et qu'on pourrait attaquer l'ennemi, parvenu au cœur du pays.

En réalité, il n'en allait pas tout à fait ainsi, et le commandant en chef ne pensait à rien moins qu'à reprendre l'offensive et à se mesurer avec des forces supérieures aux siennes. Sous ce rapport, le document qu'a laissé Dumas, intendant général de l'armée française, offre un grand intérêt. — Il avait été informé du plan de campagne russe par Niebuhr. — « Ce dernier, dit Dumas, avait passé trois mois à Memel dans l'intimité de Barclay de Tolly, qui, grièvement blessé à Eylau, avait été transporté audit Memel. Niebuhr me dit qu'il avait parfaitement retenu les détails de ce plan de retraites combinées par lesquelles le général russe espérait attirer cette formidable armée française jusqu'au cœur de la Russie, même au delà de Moscou, la fatiguer, l'éloigner de sa base d'opérations, lui faire user ses ressources et son matériel, en ménageant les réserves russes jusqu'à ce que, aidé par la rigueur du climat, il pût reprendre l'offensive, et faire trouver à Napoléon, sur les bords du Volga, un second Pultava. — C'était une effrayante et trop juste prophétie ..... »

Napoléon comprenait bien, lui-même, qu'on cherchait à l'attirer toujours plus avant, mais ne sachant s'il pourrait aller jusqu'à Moscou, il ne résista pas au désir d'aller à Smolensk et il y marcha, disaient ses Bulletins, de victoires en victoires.

Ces victoires étaient d'autant plus certaines, que la marche en arrière des Russes les rendait vraisemblables. — La célèbre retraite de Neweroffsky, même, fut annoncée par le XVIIIe Bulletin, comme une simple escarmouche, terminée à l'avantage des Français. — Ce combat, pourtant, avait été sérieux et tout à l'avantage des Russes : La division de Neweroffsky, dans sa hâte d'atteindre Smolensk, fut attaquée et enveloppée de tous côtés par trente régiments de cavalerie, commandés par Murat en personne, par les corps de Nansouty et de Grouchy et par une brigade légère. Aussitôt le général russe forma sa division en carré et continua sa retraite. La cavalerie française eut beau fondre de toutes parts sur la division russe et charger plus de quarante fois, elle ne put parvenir à entamer la colònne. Les Français serraient pourtant les Russes de si près, qu'ils pouvaient s'entretenir. Murat cria à Neweroffsky de se rendre, mais le général refusa, et bien que le vice-roi lançât toujours en avant de nouvelles troupes, il ne parvint à s'emparer que de sept canons. — « Ce n'est pas ces misérables pièces, mais la division tout entière qu'il fallait prendre », lui fit remarquer l'Empereur.

L'anglais Porter, dit que « le plan des Russes qui, dans cette campagne, ne cessèrent de rétrograder, permit à Bonaparte de s'attribuer toujours la victoire et l'aidait à tromper dans ses rapports. » A Smolensk, il assure avoir perdu 700 tués et recueilli 3.200 blessés, pour les Russes 14.700 tués et blessés. Or, les Russes étaient couverts et les Français en rase campagne ! Il faut renverser ce calcul. La perte des Français fut de près de 18.000 hommes. — René Bourgeois porte à 6.000 le nombre des morts et celui des blessés à plus de 10.000, et il ajoute : « L'ennemi éprouva à peu près les mêmes pertes. »

Napoléon n'en était pas moins à Smolensk. « Le jour de son arrivée, dit Fezensac, il passa la soirée à questionner les prisonniers avec grands détails..... »

Toutefois, si nous nous en rapportons à Boutourline, « au lieu d'attaquer Smolensk le 5, Napoléon n'avait qu'à masquer cette ville par un gros corps et porter le reste de son armée sur sa droite, au delà du Dniéper, pour attaquer la gauche des armées russes qui soutenaient la ville. Sa grande supériorité en nombre lui permettait de se diviser ainsi sans danger..... »

On présume que l'Empereur voulait couper la

route au prince Bagration, mais que, n'ayant pas trouvé de lieu favorable au passage des troupes, il se résolut à s'emparer de la ville pour passer le Dniéper.

On peut admettre que les combats livrés devant Smolensk coûtèrent aux Français près de 20.000 hommes. On reprocha au maréchal Davout, qui avait la vue courte, de n'avoir pas bien mesuré les distances et à l'Empereur de n'avoir pas tourné les positions russes.

L'auteur des *Lettres sur la Campagne de 1812* résume très catégoriquement les griefs : « Avoir fait attaquer les remparts de Smolensk par l'infanterie, tandis qu'il ne fallait que du canon et tourner la ville ou la déborder pour s'en rendre maître, c'est une faute. — Avoir fait écraser l'infanterie polonaise sous les murs de Smolensk et si près de son pays, c'est une faute. — S'aventurer dans un pays pauvre et lointain, à l'approche de la mauvaise saison, c'est une faute ! »

Et il continue : « Après l'affaire, j'ai vu Bonaparte parcourir le champ de bataille ; je l'ai suivi partout, il était rayonnant ; il se frottait les mains en répétant avec satisfaction : « Il y a cinq Russes morts pour un Français..... » Je crois qu'il a pris les Allemands pour des Russes. »

Tous les auteurs russes admettent que la perte de Smolensk jeta la consternation dans l'intérieur de l'empire.

Fain dit que « la scène de dévastation qu'offrait l'intérieur de Smolensk était horrible..... Figurez-vous les maisons incendiées, toutes les rues, toutes les places encombrées de Russes morts ou expirants..... La cathédrale, célèbre en Europe et très vénérée par les Russes, devient le refuge des infortunés échappés à l'incendie. »

Dans tous les cas, l'occupation de la ville brûlée était loin de porter le coup décisif qui aurait pu assurer la paix; elle ne se justifiait même pas aux yeux de l'Europe par la résolution d'y passer l'hiver et Fain continue: « De la citadelle de Smolensk, on se rend sur les bords du Dniéper. Ici Napoléon met pied à terre; il va se placer dans l'embrasure d'une vieille tour pour mieux reconnaître la position que l'ennemi tient encore de l'autre côté de la rivière. Barclay de Tolly n'y est plus!..... »

L'Empereur ne tarda pas à comprendre qu'il fallait baisser le ton, ce ton de roi des rois, qu'il avait à Dresde, et à tout hasard faire de nouvelles allusions à la paix, au cœur même de la guerre. Le maréchal Berthier écrivit à Barclay de Tolly sous prétexte d'exprimer des regrets, en réalité pour exprimer, d'une façon voilée, l'intention d'ouvrir des négociations: « L'Empereur, Monsieur le baron, à qui j'ai communiqué cette lettre, me charge de vous prier de faire ses compliments à l'Empereur Alexandre, s'il est à l'armée ou au premier rapport que vous lui ferez. Dites-lui que ni les vicissitudes de la guerre, ni aucune circonstance ne peuvent altérer l'estime et l'amitié qu'il lui porte. »

Fade persiflage, dit M^me de Staël, que l'Empereur de Russie reçut comme il le devait, c'est-à-dire sans y répondre.

Napoléon n'en profite pas moins de la première occasion favorable qui se présente, et s'adressant au général Toutchkoff, prisonnier, il l'entretient de ses sentiments, de ses projets pacifiques, insistant pour qu'il en fasse part à son frère, général aussi dans l'armée russe : « Ce n'est pas moi qui ai commencé la guerre, dit-il, pourquoi vous retirez-vous? Pourquoi m'avez-vous laissé venir à Smolensk? Je ne désire rien autant que conclure la paix. » Il invite aussi Toutchkoff à écrire que le commandant en chef a tort d'emmener à sa suite toutes les autorités. Il propose encore d'organiser une espèce d'arbitrage pour décider de quel côté la victoire est plus sûre. Si l'on décide que c'est du côté russe, que la retraite prenne fin et que le temps et le lieu du combat soient fixés. Dans le cas contraire, pourquoi répandre inutilement plus de sang. « Ouvrons les négociations et faisons la paix. » Il espérait que ces ouvertures de frère à frère finiraient par parvenir à l'oreille de l'Empereur Alexandre.

Il fit proposer par Berthier au commandant en chef d'enjoindre aux gouverneurs de garder leurs places.

Toutes ces avances, qui n'ont d'excuse que la situation critique dans laquelle se sentait entraîné Napoléon, restèrent sans résultat. Ségur va conclure : « L'Empereur envisage toute l'énormité de son entreprise ; plus il avance et plus elle s'agrandit devant lui..... Les rois sont vaincus, il en est aux peuples ; et c'est une autre Espagne, mais lointaine, stérile, infinie, qu'il retrouve encore à l'autre bout de l'Europe. Il s'étonne, hésite et s'arrête !..... A cette époque on entendit souvent le nom de Charles XII sortir de sa bouche ! »

Les avertissements pourtant ne manquaient pas au conquérant ; c'est toujours Ségur qui parle : « On entendit Murat s'écrier que, puisque les Russes ne voulaient point de bataille, c'était assez loin les poursuivre et qu'il était temps de s'arrêter ! — L'Empereur répliqua ; on n'a point entendu le reste de leur entretien.

» Cependant, comme ensuite, on entendit le roi dire qu'il s'était jeté aux genoux de son frère, qu'il l'avait conjuré de s'arrêter, mais que Napoléon ne voyait que Moscou, qu'honneur, gloire, repos, tout pour lui était là, que ce Moscou nous perdrait, on vit bien quel avait été le sujet de leur dissentiment.

» Un fait certain, c'est qu'en quittant son beau-frère, les traits de Murat portaient l'empreinte d'un profond chagrin ; ses mouvements étaient brusques ; une violence sombre et concentrée l'agitait ; le nom de Moscou sortait plusieurs fois de sa bouche..... »

Napoléon entra dans Smolensk : comme il traversait l'épaisseur des murs, le comte Lobau s'écria : « Voilà une belle tête de cantonnements ! »

C'était lui dire de s'y arrêter, mais l'Empereur ne répondit à cet avis que par un coup d'œil sévère. — Avec Sebastiani, Napoléon s'expliqua davantage : « Il n'y a plus de temps à perdre ; il faut arracher la paix, elle est à Moscou. »

Comme cela ressemblait peu à ses récentes déclarations ! — Mais sa résolution est bien arrêtée et comme toujours, quand il a pris une ferme détermination, il redevient maître de lui-même, il est calme, gai. — Après l'affaire de Zabolotié que les Français appelèrent Valoutina, le baron Fain lui prête ces paroles : « Nous voici engagés trop avant pour reculer. Si je ne me proposais que la gloire des exploits guerriers, je n'aurais qu'à revenir à Smolensk, y planter mes Aigles et me contenter d'étendre à droite et à gauche les bras..... Ces opérations seraient brillantes ; elles achèveraient très bien la campagne, mais ne termineraient pas la guerre..... La paix est devant nous ; nous n'en sommes qu'à huit journées : Si près du but, il n'y a plus à délibérer ; marchons sur Moscou ! »

La meilleure réponse à cette résolution audacieuse fut un manifeste de l'Empereur Alexandre qui devait raviver les préoccupations du vainqueur: « Il menace de marcher sur Moscou ! qu'il marche ; même victorieux, il n'échappera pas au sort de Charles XII ! »

Il faut remarquer qu'en lui-même Napoléon était loin d'être sûr de ce qu'il voulait faire croire aux autres. Ainsi, de Smolensk, il écrit au maréchal

Victor : « Peut-être ne trouverai-je point la paix là où je la cherche ; alors, ayant votre réserve pour point d'appui, je pourrai battre en retraite sans m'arrêter et sans me presser. »

Si l'on compare les paroles de Napoléon au début de la campagne, alors que son intention était de rester à Vitebsk ou même à Smolensk, avec ce qu'il disait lorsque sa décision de marcher sur Moscou fut irrévocable, on reste frappé de stupeur devant le changement d'idées et l'entraînement irrésistible auquel un si vaste esprit cédait.

Nous avons rappelé plus haut l'exposé de Barclay de Tolly sur la meilleure manière de faire la guerre en Russie. — Barclay ne fut pas le seul à voir, en cette circonstance, le côté faible du génie de Napoléon. Tchernischeff, l'ancien attaché militaire à Paris, au début même de l'orage qui se préparait, définit avec une rare précision les futures opérations de l'Empereur et le meilleur moyen de parer ses coups.

« Les préparatifs de la guerre sont terminés, écrit-il au ministre de la Guerre, à Pétersbourg, en 1811. L'Empereur Napoléon est de plus en plus irrité contre nous et, si la guerre n'éclate pas cet automne, c'est que la saison sera avancée et que Napoléon, se souvenant de la campagne de Pultousk, aura peur de s'engager dans les boues de la Pologne ; ceci mettrait certainement obstacle à son dessein, qui est de finir cette campagne par un coup de foudre, comme les précédentes. Une fois convaincus que cette guerre est bien arrêtée et qu'elle est inévitable, il faut que nous préparions tous les moyens nécessaires, non seulement pour résister à la première attaque, mais pour continuer la campagne aussi longtemps que possible. On sait par expérience que c'est l'unique moyen de vaincre Napoléon, qui est toujours embarrassé et qui commet des fautes toutes les fois qu'il rencontre une résistance soutenue. C'est la seule manière d'agir que notre gouvernement puisse adopter dans des circonstances aussi importantes que difficiles. Il n'y a qu'elle qui puisse nous faire triompher de cet oppresseur du monde. Le seul moyen véritable de faire cette guerre consiste, suivant moi, à éviter toute bataille rangée et à se contenter, autant que possible, de faire la petite guerre, comme en Espagne les guérillas, c'est-à-dire alarmer souvent l'ennemi et tâcher d'épuiser par le manque de munitions et d'approvisionnements les masses énormes conduites contre nous. »

Les conseils du maréchal Bernadotte, alors régent de Suède, sont également pleins d'intérêt : « L'avantage de la position des Russes vis-à-vis les Français consiste en ce qu'ils peuvent prolonger la guerre, tandis que Napoléon n'est pas en état de le faire. — Il faut compter le moins possible sur le hasard, éviter les grandes batailles et se contenter de petites rencontres, enlever les bagages, épuiser les munitions et surtout avoir beaucoup de Cosaques. S'il arrive aux Russes de se retirer au delà de la Dwina et, pour tout dire, au delà de la Néva, qu'ils ne suspendent point les opérations, tout s'arrangera, et la fin de cette guerre de. Napoléon contre Alexandre sera celle de Charles XII contre Pierre I$^{er}$. Napoléon ne néglige rien pour réussir; ses ressources sont épuisées; il n'a pas de quoi faire la guerre pendant deux ans; plus il avancera, plus il se nuira. Certes, il aurait mieux valu ne pas pousser les choses si loin, car elles seront cause de grands maux dans les provinces et, dès le début, il faut s'attendre à ce que l'impression en soit funeste. »

Malgré tous ces sages conseils, nous avions failli tomber dans la vraie souricière tendue par nous-mêmes sur les bords de la Drissa. Maintenant, on peut dire que tout fut pour le mieux : si nous n'avions pas été réduits à nous retirer au delà de la Dwina, il nous aurait été difficile d'avoir raison de l'invasion.

Napoléon marcha droit sur Moscou, ayant espéré vainement une communication d'Alexandre, et furieux. Ségur raconte que « en traversant Viazma, Napoléon vit du désordre; il s'irrita violemment, poussa son cheval au milieu des groupes de soldats, frappa les uns, culbuta les autres, fit saisir un vivandier et ordonna qu'il fût à l'instant jugé et fusillé..... On se contenta de placer, un instant après, ce malheureux à genoux sur son passage, on mit à côté de lui une femme et quelques enfants qu'on fit passer pour les siens..... »

Fezensac parle aussi de la fâcheuse disposition d'esprit de l'Empereur : « En traversant la petite ville de Viazma, il rencontra des soldats occupés à piller un magasin d'eau-de-vie qui brûlait. Cette vue le mit en fureur. Il s'élança au milieu d'eux en les accablant d'injures et de coups de cravache. L'impossibilité d'atteindre l'armée russe et les ravages qu'elle commettait sur notre passage contrariaient ses projets et lui donnaient une humeur dont ceux qui l'entouraient étaient souvent victimes. »

Le fait est clair à ne pas s'y méprendre. Les soldats français avaient pillé Viazma. Mais le XVIe Bulletin dit que « les Cosaques saccagèrent la ville de Viarma avant de la quitter et que les habitants refusent à jamais la sujétion russe. »

Entre temps, le prince Kutusoff avait été nommé commandant en chef de l'armée russe.

« L'Empereur, dit Ségur, voulut connaître son nouvel adversaire. On lui dépeignit Kutusoff comme un vieillard dont jadis une blessure singulière avait commencé la réputation. Depuis, il avait su profiter habilement des circonstances. La défaite même d'Austerlitz, qu'il avait prévue, avait augmenté sa renommée. Ses dernières campagnes contre les Turcs, venaient encore de l'accroître. Sa valeur était incontestable, mais on lui reprochait d'en régler les élans sur ses intérêts personnels, car il calculait tout. Son génie était lent, vindicatif et surtout rusé, caractère de Tartare.....

Du reste, encore plus adroit courtisan qu'habile général, mais redoutable par sa renommée..... On ajouta qu'il y avait dans son extérieur, dans son langage, dans ses vêtements même, enfin dans ses pratiques superstitieuses, et jusque dans son âge, un reste de Souvoroff, une empreinte d'ancien Moscovite, un air de nationalité qui le rendait cher aux Russes. A Moscou, la joie de sa nomination avait été poussée jusqu'à l'ivresse : on s'était embrassé au milieu des rues..... »

L'impression faite sur les soldats par l'arrivée de Kutusoff à l'armée fut d'autant plus grande que la marche continuelle en arrière avait ébranlé la confiance dans les chefs.

La faute en retombait certainement sur le généralissime, homme d'un esprit et d'un génie supérieurs qui s'obstinait dans sa tactique une fois arrêtée. Malheureusement, il ne fut pas apprécié ni compris de ses contemporains, pas plus que de son souverain, qui, influencé par l'entourage, manifestait aussi son mécontentement. Le prince Bagration, homme ardent, insistait surtout sur la nécessité de prendre l'offensive. Entraîné par cette conviction il allait jusqu'aux dénonciations. Mais la responsabilité ne lui incombait point et il était probable que, dans son for intérieur, il se rendait compte qu'une bataille aurait pour la Russie les suites les plus funestes.

Invariablement, si le conseil de guerre de l'armée russe opinait pour une attaque, le général en chef mettait un frein à l'aveugle entraînement des officiers, tout en feignant de partager leur avis, ce qui exaspérait tout le monde, en commençant par l'Empereur jusqu'au dernier soldat.

Kutusoff, ne voulant point, dès l'abord, sacrifier sa popularité, se prononça pour la bataille qu'il semblait cependant ne pas trop approuver. La plaine du village de Borodino fut le lieu fixé pour arrêter l'envahisseur. Ce choix fait aussi bien honneur à Kutusoff, qu'au chef de son état-major, le colonel Toll. « Il offre sur deux lignes, dit G. de Pimodan, des positions très fortes..... Je ne doute pas que, lorsque les communications seront devenues faciles, les officiers d'état-major ne viennent étudier ce terrain et le parti que les Russes en surent tirer. »

La défense n'était faible en effet que sur le flanc gauche.

« L'armée française, dit l'auteur des *Lettres sur la Campagne de 1812,* forte de trois cent cinquante mille hommes au passage du Niémen, quoique n'ayant presque rien perdu dans les engagements multipliés et dans les escarmouches, depuis Smolensk, ne se présente à la bataille du 7 septembre qu'avec cent trente mille hommes, au plus.

» Que sont devenues ces centaines de mille hommes qui nous manquent, du 20 juin au 7 septembre, de l'aveu même du XVIII<sup>e</sup> Bulletin? D'où sortent ces phalanges russes, qu'on tue sans relâche depuis soixante-quinze jours ?..... »

Le valet de chambre de l'Empereur, bien placé pour voir et entendre, dit : « A la veille de la bataille de Borodino, la grande bataille, il causait de tout avec calme. Il parlait de ce pays (la Russie), comme il aurait parlé d'une belle et bonne province de France. A l'entendre, les greniers de l'armée étaient tout trouvés. Il y aurait d'excellents quartiers d'hiver. Le premier soin de l'administration qu'il établirait à Gjatz serait d'encourager l'agriculture..... Il paraissait ravi de la perspective qu'il avait devant les yeux. Jamais je ne vis l'Empereur livré à d'aussi douces émotions ; jamais je ne vis tant de sérénité répandue sur sa figure, tant de calme dans sa conversation. »

Il est à noter que les fortifications de Borodino étaient loin d'être solides, en partie à cause de la promptitude avec laquelle se faisaient les constructions, en partie par manque d'instruments et d'outils, comme il arriva pour le seconde armée russe qui formait le flanc gauche. Aussi les batteries et les flèches de Semenowsk n'étaient guère redoutables. Ces hauteurs de Semenowsk étaient pourtant la clef de la position. « Napoléon, raconte Ségur, était sur les hauteurs de Chevardino, dont il embrassait encore d'un dernier coup d'œil tout le champ de bataille et se confirmait dans son plan, quand Davout accourut. Le maréchal venait d'examiner la gauche des Russes d'autant plus soigneusement que c'était le terrain sur lequel il devait agir ; et qu'il se défiait de ses yeux. Il demanda à l'Empereur de lui laisser ses cinq divisions, fortes de trente-cinq mille hommes et d'y joindre Poniatowsky, trop faible, à lui seul, pour tourner l'ennemi. Le lendemain, il mettra cette masse en mouvement ; il couvrira sa marche des dernières ombres de la nuit et de bois auxquels s'appuie l'aile gauche russe qu'il dépassera, en suivant la vieille route de Smolensk à Moscou ; puis, tout à coup, par une manœuvre précipitée, il déploiera quarante mille Français et Polonais sur le flanc et en arrière de cette aile. Là, tandis que l'Empereur occupera le front des Moscovites par une attaque générale, lui, marchera violemment de redoute en redoute, de réserve en réserve, culbutant tout de la gauche à la droite sur la grande route de Mojaïsk où finiront l'armée russe, la bataille et la guerre ! L'Empereur écouta le maréchal attentivement ; mais après quelques minutes d'une silencieuse méditation, on l'entendit lui répondre : «Non ! » c'est un trop grand mouvement ; il m'écarterait » trop de mon but et me ferait perdre trop de temps.»

« Cependant le prince d'Eckmühl, convaincu, persévère ; il s'engage à avoir accompli sa manœuvre avant six heures du matin. Il proteste qu'une heure après, la plus grande partie de son effet sera produit. Mais Napoléon, contrarié, l'interrompt brusquement : « Ah ! vous êtes toujours pour tourner » l'ennemi ! C'est une manœuvre trop dange- » reuse. » Le maréchal repoussé se tut, puis il retourna à son poste. »

Par cette proposition le maréchal prouvait encore une fois qu'il était le meilleur tacticien parmi les maréchaux qu'avait formés Napoléon. L'exécution de ce plan hardi aurait jeté l'armée russe dans un complet désarroi.

Heureusement pour elle, Kutusoff comprit le plan de Napoléon et, au fort même du combat, fit passer tout le corps de Baggawouth du flanc droit, contre lequel le prince Eugène feignait d'agir, au flanc gauche, au secours de la deuxième armée. Lui-même, à son tour, effraya les Français en ordonnant à la cavalerie d'Ouvaroff et aux Cosaques de tourner leur flanc gauche.

Restait pour les Russes à défendre les flèches de Semenowsk à tout prix et pour les Français à les prendre coûte que coûte!

« La crainte qu'à la faveur des ombres de la nuit, continue Ségur, l'armée russe ne s'évadât du champ de bataille, cette crainte entre-coupa le sommeil de Napoléon; sans cesse il appela, demandant l'heure, si l'on n'entendait pas quelque bruit et envoyant regarder si l'ennemi était encore en présence..... Rassuré pour quelques moments, une inquiétude contraire le saisit : Le dénuement de ses soldats l'épouvante! Comment, faibles et affamés, soutiendront-ils un long et terrible choc?..... Il fait venir Bessières, celui de ses maréchaux à qui il se fie le plus pour commander.

» Il veut savoir si rien ne manque à sa garde. Plusieurs fois il le rappelle et renouvelle ses pressantes questions..... Enfin, craignant de ne pas être obéi, il se relève et lui-même demande aux grenadiers de garde à l'entrée de sa tente s'ils ont reçu des vivres. Satisfait de leur réponse, il rentre et s'assoupit.

» Mais bientôt il appelle encore. Son aide de camp le trouve la tête appuyée sur ses mains. Il semble, à l'entendre, qu'il réfléchit sur les vanités de la gloire..... Puis il songe à la situation critique où il s'est jeté et il ajoute : qu'une grande journée se prépare, que ce sera une terrible bataille ! Il demande à Rapp s'il croit à la victoire ? — Sans doute, lui répond celui-ci, mais sanglante !.....

» Alors ressaisi par sa première inquiétude il envoie encore examiner l'attitude des Russes.....

» ..... La présence de l'ennemi tranquillise enfin l'Empereur, et il cherche quelque repos. Mais les marches qu'il vient de faire avec l'armée, les fatigues des nuits et des jours précédents, tant de soins, une si grande attente, l'ont épuisé ; le refroidissement de l'atmosphère l'a saisi : une fièvre d'irritation, une toux sèche, une violente altération le consument ! Le reste de la nuit, il cherche vainement à étancher la soif brûlante qui le dévore. Ce nouveau mal se complique d'une ancienne souffrance : depuis la veille il lutte contre un douloureux accès de cette cruelle maladie (dysurie) dont il éprouve depuis longtemps les atteintes..... Enfin cinq heures arrivent. Un officier de Ney vient annoncer que le maréchal voit encore les Russes et qu'il demande à attaquer. Cette nouvelle paraît rendre à l'Empereur ses forces que la fièvre avait abattues. Il se lève, il appelle les siens, il sort en s'écriant : « Nous les tenons enfin! Marchons ! » allons nous ouvrir les portes de Moscou ! »

Et alors commença la bataille célèbre dans les annales militaires sous le nom de Borodino (Moskwa) — à 130 kilomètres le vent avait porté le bruit du canon !

On vit l'Empereur, presque toute cette journée, s'asseoir ou se promener lentement, en avant et un peu à gauche de la redoute conquise, sur les bords d'une ravine, loin de cette bataille qu'il apercevait à peine, depuis qu'elle avait dépassé les hauteurs.....

Il faisait seulement quelques gestes d'une triste résignation quand, à chaque instant, on venait lui apprendre la perte de ses meilleurs généraux. Il se leva plusieurs fois pour faire quelques pas et se rasseoir encore.

Chacun autour de lui le regardait avec étonnement. Jusque-là, dans ces grands chocs, on lui avait vu une activité calme ; mais ici, c'est un calme lourd, une douceur molle sans activité. Quelques-uns crurent y reconnaître cet abattement, suite ordinaire des violentes sensations ; d'autres imaginèrent qu'il s'était déjà blasé sur tout, même sur l'émotion des combats..... Enfin, il il y en eut qui s'en prirent, avec plus de raison, à sa santé affaiblie, à une secrète souffrance et au commencement d'une forte indisposition.....

Voici Belliard, que les maréchaux ont envoyé à l'Empereur pour demander des renforts.

Le général déclara « que de leur position, les regards percent sans obstacle jusqu'à la route de Mojaïsk, derrière l'armée russe ; qu'on y voit une foule confuse de fuyards et de chariots en retraite, qu'enfin, il ne faut qu'un élan pour arriver au milieu de ce désordre et décider du sort de l'armée ennemie et de la guerre. »

Il était à ce moment trois heures de l'après-midi. Les Français s'étaient déjà emparés de la grande redoute et des flèches de Semenowsk ; mais l'armée russe tenait encore ferme sur la deuxième ligne des fortifications, ne songeait pas à fuir, ni même à battre en retraite. Rendons ici la parole à Ségur : « Cependant l'Empereur hésite, doute et ordonne au général Belliard d'aller voir encore et de revenir lui rendre compte..... Belliard, surpris, court et revient promptement — il annonce : « que l'ennemi commence à se raviser, » ..... que l'occasion va échapper, qu'il n'y a plus » un instant à perdre ; sans quoi il faudra une » seconde bataille pour terminer la première ! » Mais Bessières était revenu des hauteurs où Napoléon l'avait envoyé pour examiner l'attitude des Russes. Ce maréchal assura : « que loin d'être en » désordre, ils s'étaient retirés sur une seconde » position d'où ils semblaient se préparer à une » nouvelle attaque, » et l'Empereur alors dit à Belliard : « que rien n'était encore assez débraillé ;

» que pour faire donner ses réserves, il voulait voir
» plus clair sur son échiquier ! » Ce fut son expression, qu'il répéta plusieurs fois..... Belliard consterné retourne auprès du roi (Murat), il lui
annonce « l'impossibilité d'obtenir de l'Empereur
» sa réserve; il l'a, dit-il, trouvé à la même place,
» l'air souffrant et abattu, les traits affaissés, le
» regard morne, donnant ses ordres languissam-
» ment, au milieu de ces épouvantables bruits de
» guerre qui lui semblent étrangers. »

» A ce récit qu'on rapporte à Ney, celui-ci,
furieux et emporté par son caractère ardent et sans
mesure, éclate : « Sont-ils donc venus de si loin
» pour se contenter d'un champ de bataille? Que
» fait l'Empereur derrière l'armée? Là, il n'est à
» portée que des revers et non du succès? Puisqu'il
» ne fait plus la guerre par lui-même, qu'il n'est
» plus général, qu'il veut faire partout l'Empereur,
» qu'il retourne aux Tuileries et nous laisse être
» généraux pour lui! »

» Aussitôt après Belliard, Daru, poussé par
Dumas et surtout par Berthier, dit à voix basse à
l'Empereur que de toutes parts on s'écriait « que
» l'instant de faire donner la Garde était venu ! »
Mais Napoléon répliqua : « Et s'il y a une seconde
» bataille demain, avec quoi la livrerai-je? »

» Les souffrances de Napoléon paraissaient être
augmentées; il monta à cheval avec effort et se
dirigea lentement sur les hauteurs de Semenowsk.
Il y trouva un champ de bataille acquis incomplè-

tement, que des boulets ennemis et même les balles nous disputaient encore.....

» On entendit alors Murat s'écrier « que, dans » cette grande journée, il n'avait pas reconnu le » génie de Napoléon! » Le vice-roi avoua « qu'il » ne concevait point l'indécision qu'avait montrée » son père adoptif! » Et Ney, quand il fut appelé à son tour, mit une singulière opiniâtreté à lui conseiller la retraite.....

» Sept à huit cents prisonniers et une vingtaine de canons brisés étaient les seuls trophées de cette victoire incomplète!

» Il y eut un moment où Bessières lui fit l'énumération de tous les généraux blessés le jour de la bataille; cette fatale nomenclature lui fut si poignante, que retrouvant sa voix par un violent effort, il interrompit ce maréchal par cette brusque exclamation : « Huit jours de Moscou et il n'y » paraîtra plus! »

Constant confirme le fait signalé par de Ségur, de la maladie de l'Empereur. Il eut, durant toute la bataille, des attaques de dysurie et il était affecté d'un gros rhume compliqué d'une forte extinction de voix.

De la Fluze écrit que l'Empereur ne voulut point monter à cheval pendant le combat, et que les officiers de son escorte se disaient qu'il ne montait pas parce qu'il était indisposé. — Pourtant il avait eu soin de faire jouer aux musiques militaires des airs révolutionnaires, comme le *Chant du Dé-*

*part* et autres, mais dans la circonstance, ces sons n'encourageaient pas les soldats et de vieux officiers riaient en comparant les époques.

Il est amusant de remarquer que les prévenances de Napoléon envers un des rares prisonniers de distinction, fait dans cette journée, le général Likatchoff, trouvé criblé de blessures dans la grande redoute, manquèrent totalement leur effet. Il voulut témoigner de son estime pour le courage de cet officier, en lui remettant lui-même l'épée qu'on venait de lui prendre, mais il se trompa d'arme et le général russe, qui n'avait pas compris le mobile de Napoléon, voyant un sabre qui ne lui avait jamais appartenu, le refusa énergiquement. — Napoléon, impatienté, dit à haute voix : « Emmenez-moi cet imbécile ! »

Somme toute, l'armée française était peu satisfaite de la marche de la bataille et du peu d'énergie qu'avait montré Napoléon. On accusait surtout Bessières qui, au moment décisif et l'Empereur sur le point de faire donner la réserve, s'approcha de lui et lui dit à l'oreille : « Sire, que Votre Majesté n'oublie pas qu'elle est à huit cents lieues de sa capitale ! »

Il y a d'autres appréciations : Chambray atteste que « l'armée française était frappée de stupeur devant la résistance des troupes russes et Gourgaud, défendant Napoléon, n'hésite pas à dire que « si la Garde avait été entamée à la bataille de la Moskwa, l'armée française, dont cette Garde forma constamment le noyau et soutint le courage pendant la retraite, n'aurait pu que difficilement repasser le Niémen..... »

En étudiant les historiens russes, on constate que si les uns blâment Napoléon et sa tactique, d'autres disent qu'il ne pouvait agir autrement. « Rien, dit Boutourline, ne peut justifier Napoléon de ce qu'il a fait cesser la bataille à trois heures, tandis qu'un dernier effort aurait pu lui assurer la victoire. Les dernières réserves des Russes avaient déjà été au combat, tandis que du côté des Français, les deux Gardes, la vieille et la jeune, avec leur cavalerie, en tout plus de 20,000 hommes, n'y avaient pas encore pris part.

» Sans le moindre doute, si l'on avait fait marcher ces vingt-trois bataillons et ces vingt-sept escadrons qui formaient cette armée d'élite de Napoléon, elle aurait complètement détruit les Russes, qui auraient dû employer le reste de la journée, non plus à se préparer à une nouvelle attaque, mais à battre en retraite. »

Danilewsky confirme le fait que les Français, après avoir occupé les flèches de Semenowsk, avaient non seulement suspendu l'attaque contre les Russes qui, tout près d'eux, occupaient leur nouvelle position, mais qu'ils s'étaient même retirés à la tombée de la nuit. — Il dit encore que le jour suivant, jusqu'à onze heures du matin, l'armée française ne se décida point à renouveler l'attaque, l'attendant du côté des Russes, et qu'elle ne se mit en mouvement que lorsque ces derniers eurent commencé à battre en retraite. — Il assure que c'est le refus de Napoléon de pousser la jeune Garde comme renfort à sa cavalerie, qui enfonçait notre flanc gauche, qui a permis le mouvement sur le flanc droit de la cavalerie d'Ouvaroff, sur l'ordre de Kutusoff. — On peut ajouter qu'Ouvaroff et les Cosaques ne firent pas assez. S'ils s'étaient portés sur les derrières des troupes françaises, s'ils avaient détruit leurs bagages, et réussi à déterminer dans l'arrière-garde ennemie une panique, comme ils avaient le moyen de le faire, on aurait pu tenter un retour offensif et rejeter les Français hors des lignes qu'ils occupaient.

D'autres encore se rangent à l'avis du maréchal Davout : Napoléon aurait pu décider la victoire autrement, si au lieu d'attaquer sérieusement la gauche de la position russe, il n'avait fait que des démonstrations vigoureuses sur ce point et porté une forte masse sur la vieille route de Smolensk, pour appuyer les opérations de Poniatowsky contre le corps de Toutchkoff..... Il se serait trouvé en état de déboucher sur la grande route, derrière l'armée russe, qui, coupée de Mojaïsk et rejetée dans l'angle formé par la Moskwa et la Kolotcha, se serait vue réduite à la position la plus déplorable.

« Il paraît certain, dit Boutourline, que le prince Kutusoff avait l'intention d'accepter le combat le lendemain, dans la nouvelle position occupée par l'armée. Mais les rapports des chefs de corps dans la nuit ayant fait connaître les pertes énormes que l'on avait essuyées, lui firent changer de résolution. »

Cette nuit même, Grabbé fut envoyé à la première armée avec l'ordre de commencer la retraite. Un profond silence régnait dans Gorcki. Ayant trouvé l'Isba où logeait Barclay de Tolly, il parvint à grand'peine à obtenir de la lumière et entra dans la chambre où dormaient le général, ses aides de camp et ses officiers d'ordonnance couchés à même le plancher, l'un à côté de l'autre. Il réveilla doucement Barclay et lui transmit l'ordre écrit, en lui expliquant la cause de sa mission et de sa présence. Le général se leva brusquement et pour la première fois, peut-être, lui, d'ordinaire si doux, s'emporta en paroles amères contre Benningsen, qu'il considérait, on ne sait pourquoi, comme l'instigateur de la décision de battre en retraite. Cette opération commença sans plus tarder.

Les Français, — reprenant l'offensive, — avaient officiellement gagné la bataille : témoin la lettre de Sa Majesté l'Empereur et Roi à M. l'Evêque nommé de Metz, et le mandement de ce dernier.

« Monsieur l'Evêque de Metz, le passage du Niémen, de la Dwina, du Borysthène, les combats de Mohilew, de la Drissa, de Polotsk, de Smolensk, enfin la bataille de la Moskwa sont autant de motifs pour adresser des actions de grâces au Dieu des armées. Notre intention est donc, qu'à la réception de la présente, vous vous concertiez avec qui de droit. Réunissez mon peuple dans les églises pour chanter des prières, conformément à l'usage et aux règles de l'Eglise en pareille circonstance.

» Cette lettre n'étant à autre fin, je prie Dieu qu'il vous ait en sa sainte garde.

» De notre quartier impérial de Mojaïsk, le 10 septembre 1812.

» Napoléon.

» Par l'Empereur, le ministre, secrétaire d'Etat,

» Comte Daru.

» Pour copie conforme, le ministre des Cultes,

· » Bigot de Préameneu.

» Par le ministre, l'auditeur au Conseil d'Etat

» secrétaire général,

» H. D. Janzé. »

Voici le mandement :

« Claude-Ignace-Laurent, par la permission divine nommé à l'évêché de Metz, administrateur général de ce diocèse et baron de l'Empire; au clergé et aux fidèles du diocèse de Metz, Salut en notre Seigneur Jésus-Christ.

» Nos très chers Frères,

» Voilà que des nouveaux exploits, des triomphes plus glorieux que tous ceux qui, tant de fois, nous avaient étonnés, viennent jeter l'univers dans une admiration profonde.

» Napoléon s'est encore levé, comme un géant.

10.

pour parcourir sa carrière et ses brillantes phalanges ont volé, comme l'aigle, des bouches du Guadalquivir jusques aux sources du Volga.

» Ce n'est plus cette fois le Barbare du Nord, qui se précipite sur les riantes contrées du Midi ; c'est le valeureux soldat de l'Occident, qui refoule enfin vers les glaces du Pôle, cet ancien ennemi de la paix du monde.

» Depuis plus d'un siècle, les artificieux habitants des climats hyperboréens abusaient d'une réputation usurpée, pour en imposer aux modestes et crédules souverains de l'Europe civilisée ; assez et trop longtemps, ils avaient promis et vendu tour à tour l'appui de leurs légions, prétendues invincibles, à des peuples qu'ils voulaient conquérir facilement après les avoir commis entre eux et affaiblis les uns par les autres, à des rois qu'ils ne manquaient jamais d'abandonner et de trahir, quand ils les avaient une fois, par leurs offres trompeuses, engagés dans des défilés sans issue.

» Celui que le Seigneur, Dieu des armées, a suscité pour punir toutes les perfidies, pour dissiper tous les prestiges, pour dompter tous les orgueils, pour renverser tous les colosses, pour vaincre tous les rois, et occuper successivement toutes les capitales ; celui-là, nos très chers frères, a vu que le moment était venu de démontrer la vanité de cette insupportable jactance, et d'apprendre aux hommes que ces farouches guerriers n'étaient pas plus invincibles dans leurs propres déserts, qu'ils ne l'avaient été dans les vallées de l'Helvétie, dans les champs de la Pologne et dans les plaines de Moravie.

» L'exécution a suivi de près ce noble et hardi projet : Il n'y a que peu de mois qu'il était à peine conçu, et déjà la rapidité de nos succès, comme l'immensité de nos conquêtes, jette le monde entier dans une sorte de stupeur.

» L'immortel instrument de tant de prodiges semble en être étonné lui-même ; et comme Titus, à la prise de Jérusalem, il reconnaît humblement que c'est le bras du Seigneur, et non le sien, qui terrasse les ennemis par lesquels il fut provoqué.

» Sur le champ de bataille et au sein de la victoire, il entonne le premier l'hymne de la reconnaissance ; et des extrémités du monde, où il se bat en ce moment, il invite tous les pontifes de son vaste empire à réunir son peuple dans les temples, pour chanter avec lui les cantiques d'actions de grâces.

» Qui pourrait refuser de s'humilier sous la main du Tout-Puissant, quand le conquérant, devant lequel tombent tous les trônes, se prosterne lui-même aux pieds du Dieu qui mène et ramène, élève et abaisse à son gré ; du Dieu qui donne à qui il lui plaît, les succès et les désastres, la vie et la mort, la paix et la guerre.

» Soyez donc éternellement béni, Seigneur, Dieu d'Israël, puisqu'à vous seul appartiennent la puissance, la gloire, la grandeur, la victoire et le courage. Tout ce qui est dans le ciel et sur la terre est à vous : Vous êtes le Roi des Rois et tous les princes de ce monde ne sont que vos sujets ; c'est vous qui distribuez les richesses et le pouvoir, les sceptres et les couronnes ; votre domination embrasse tout, et personne ne peut se soustraire à votre empire universel, parce que la force, le courage, le commandement et la souveraineté sont dans votre main (Paralipomènes, Ch. 29).

» Napoléon le Grand n'a jamais manqué jusqu'à présent, nos très chers frères, de proclamer lui-même ces vérités éternelles, immédiatement après chacun de ses miraculeux triomphes. La lettre consolante dont Sa Majesté Impériale et Royale vient de nous honorer, est une précieuse nouvelle preuve de la persévérance de ses religieux senti-ments à cet égard. Remercions donc l'auteur de tout don parfait, de ce qu'il n'est point de succès dont notre auguste Souverain ne fasse hommage au Roi des Cieux et de la Terre.

» A ces causes : pour nous conformer aux pieuses intentions de notre auguste Empereur et Roi, après en avoir conféré avec MM. les digni-taires, chanoines et chapitre de l'Eglise-Cathédrale, après nous être concerté avec M. le général de division, les autorités invitées, conformément au décret de Sa Majesté ; nous ordonnons que dimanche prochain, 4 octobre, à onze heures du matin, le *Te Deum* sera chanté dans l'Eglise-Cathédrale, avec les versets et oraisons ordinaires, en actions de grâces du passage du Niémen, de la Dwina, du Borysthène, des combats de Mohilew, de la Drissa, de Polotsk, de Smolensk et de la victoire de la Moskwa.

» On y ajoutera les prières pour l'Empereur et celles pour la paix.

» Le clergé des paroisses de la ville épiscopale y assistera en la manière accoutumée.

» Le dimanche 11, le *Te Deum* sera également chanté pour la même cause, dans les autres églises de la ville épiscopale et, dans toutes les églises du diocèse, le dimanche qui suivra la réception de notre présent mandement.

» Les autorités qui doivent y assister y seront invitées, suivant l'usage.

» Le présent mandement et ensemble la lettre de Sa Majesté, seront lus au prône des messes paroissiales et publiés et affichés partout où besoin sera.

» Donné à Metz, sous notre seing, notre scel et le contre-seing du secrétaire de la chambre épiscopale, le premier octobre 1812.

» C.-J. LAURENT,

» Nommé à l'évêché de Metz et administrateur général du diocèse.

» Par mandement :

» MATHIEU. »

D'après l'opinion générale, les pertes de l'armée française étaient aussi considérables que celles de l'armée russe. On parla de 50.000 hommes. Ségur en avoue 40,000 et l'intendant général Dumas écrit : « Nos pertes furent immenses, » et il ajoute : « Vers une heure du soir, nous fûmes, le comte Daru et moi, appelés auprès de l'Empereur. Son bivouac était établi au milieu du bataillon carré de la Garde, un peu en arrière de la redoute. On venait de lui servir à souper ; il était seul et nous fit asseoir à sa droite et à sa gauche. — Après s'être fait rendre compte des dispositions prises pour secourir les blessés..... il nous parla de l'issue de la bataille. — Il s'endormit un instant après, à peu près pendant vingt minutes, puis s'éveillant tout à coup, il continua ainsi : « On s'étonnera que » je n'aie pas fait donner mes réserves pour obtenir » de plus grands résultats ; mais j'ai dû les conserver » pour frapper un coup décisif dans la grande bataille » que nous livrera l'ennemi devant Moscou. Le » succès de la journée était assuré, je devais songer » au succès de la campagne et c'est pour cela que » je garde mes réserves. »

« Après la bataille, dit Constant, je passai la nuit près de l'Empereur. Il eut le sommeil très agité ou plutôt il ne dormit pas. Il répéta plusieurs fois en s'agitant brusquement sur son oreiller : Ce pauvre Caulaincourt ! Quelle journée, quelle journée ! »

Le baron Fain achève le récit de cette nuit. « L'Empereur veut reprendre les travaux du Cabinet, suspendus depuis cinq jours. Mais une extinction de voix se déclare, elle est complète et ne lui permet ni de dicter, ni de parler même..... Dans cette situation embarrassante, il faut recourir à la plume..... Il se met à couvrir des carrés de papier..... Les secrétaires ordinaires... et l'arrière-ban du Cabinet transcrivent en grande hâte ; le comte Daru et le prince de Neufchâtel prennent aussi leur part de la besogne. — Mais à chaque ligne on est arrêté par la difficulté de déchiffrer et cependant l'Empereur, qui de minute en minute achève un ordre, frappe incessamment sur la table pour qu'on prenne les brouillons qui s'y accumulent..... La journée se passe dans ces travaux muets où la plume rapide de Napoléon et son marteau se font seuls entendre ! »

L'armée traversa Mojaïsk. « Ce fut là, raconte Dumas, qu'en présence de l'Empereur s'engagea une discussion et presque une querelle, entre le roi de Naples et le maréchal Davout. Celui-ci blâmait la manière dont Murat poursuivait l'arrière-garde russe, fatiguant et détruisant le reste de notre belle cavalerie..... « Trouvez-vous, dit » l'Empereur au maréchal, que le roi n'a pas mon- » tré assez d'ardeur ? » — « Beaucoup trop, répon- » dit Davoust. »

Cependant l'armée française s'approchait de Moscou. Napoléon qui jusqu'alors avait voyagé en voiture monta à cheval à mi-chemin de la dernière étape.

A. Saint-Brice nous peint la joie de l'armée à la vue de la ville Sainte des Russes.

« On distinguait de loin, dit-il, à travers des nuages de poussière et de fumée, de longues colonnes de cavalerie russe qui se retirait en bon ordre devant les troupes françaises, à mesure que celles-ci avançaient. Enfin une multitude de clochers dorés et arrondis, que les rayons du soleil faisaient paraître comme autant de globes lumineux, annoncèrent la grande ville ; et par un mouvement spontané, nos soldats s'écrièrent tous, avec joie : Moscou ! Moscou ! Le nom de Moscou électrisait nos troupes : officiers et soldats, tous couraient sur les hauteurs pour contempler cette ville que Napoléon s'était proposée pour limite de son empire.

Napoléon lui-même était accouru, il s'arrêta transporté, admirant la ville du haut du mont du Salut. Ses maréchaux aussi oubliaient leurs griefs, « enivrés, dit Ségur, de tout l'enthousiasme de la gloire. — On les vit tous se presser autour de l'Empereur, rendant hommage à sa fortune et déjà tentés d'attribuer à la prévoyance de son génie le peu de soin qu'il s'était donné le 7 pour compléter sa victoire.

» Mais, chez Napoléon les premiers mouvements étaient courts. Il avait trop à penser pour se livrer longtemps à ses sensations. Son premier cri avait été : « La voilà donc enfin, cette ville fameuse ! » Et le second fut : « Il était temps ! »

» On se disait aussi dans l'armée que les Russes faisaient des propositions de paix. Les officiers se réjouissaient de trouver une ville si belle et les Co-saques disposés à en finir.

» Cependant l'inquiétude commençait à le saisir. Déjà à sa gauche et à sa droite, il voyait le prince Eugène et Poniatowsky déborder la ville ennemie; devant lui, Murat atteignit au milieu de ses éclaireurs l'entrée des faubourgs et pourtant aucune députation ne se présentait.....

» Le jour s'écoule et Moscou reste morne, silencieuse et comme inanimée. L'anxiété de l'Empereur s'accroît... Quelques officiers ont pénétré dans l'enceinte de la ville : Moscou est déserte !

« A cette nouvelle, qu'il repousse avec irritation, Napoléon descend de la montagne du Salut et s'approche de la Moskwa et de la porte de Dorogomilow.

« Il recommande la plus grande discipline; il espère encore : « Peut-être que ces habitants ne » savaient pas même se rendre; car ici, tout est » nouveau : eux pour nous et nous pour eux ! » — Mais alors les rapports se succèdent, tous s'accordent.....

» L'Empereur appelle Daru ; il s'écrie : « Moscou » déserte ! Quel événement invraisemblable ! Il faut » y pénétrer, allez et amenez-moi les Boyards. » — Toujours prévenu jusque-là par les soumissions des vaincus, cette fois, il provoque leur confiance et va au-devant de leurs prières.....

» Cependant Daru vient d'échouer; aucun Moscovite ne se présente; aucune fumée du moindre foyer ne s'élève ; on n'entend pas le plus léger bruit sortir de cette immense et populeuse cité.....

» Enfin un officier décidé à plaire, ou persuadé que tout ce que l'Empereur voulait devait s'accomplir, entra dans la ville, s'empara de cinq ou six vagabonds, les poussa devant son cheval jusqu'à l'Empereur et s'imagina avoir amené une députation.

» Dès la première réponse de ces misérables, Napoléon vit qu'il n'avait devant lui que de malheureux journaliers. Alors seulement il ne douta plus de l'évacuation entière de Moscou et perdit tout l'espoir qu'il avait fondé sur elle.

» Il haussa les épaules et avec l'air de mépris dont il accablait tout ce qui contrariait son désir, il s'écria « Ah ! les Russes ne savent pas encore » l'effet que produira sur eux la prise de leur » capitale ! »

Rostopchin dit que la députation était composée d'une douzaine d'hommes mal vêtus. Celui qui, dans cette occasion solennelle, représentait les autorités, la noblesse, le clergé, le corps des marchands de la capitale, était un simple prote.

Deniée explique d'ailleurs très naturellement l'impatience de l'Empereur : « Il attendait, aux portes de la ville, qu'on vînt. lui en présenter les clefs, car, une heure environ avant d'y arriver, il avait appelé le général comte Durosnel, son aide de camp, commandant le quartier général impérial, et lui avait dit : « Allez en ville, réglez le service

» et réunissez la députation qui devra m'apporter
» les clefs. »

L'auteur anonyme du *Journal pendant la campagne de Russie,* ajoute quelques traits à ce tableau : « Je trouvai l'Empereur auprès de quelques maisons, attendant les envoyés russes, ou plutôt examinant la cavalerie qui se retirait vers la gauche.....

» On amena à l'Empereur quelques paysans et quelques marchands qui faisaient pitié, par la frayeur qu'ils avaient, croyant qu'on allait les égorger. Nous vîmes arriver ensuite un Français qu'il interrogea.....

» Napoléon descendit de cheval sur la gauche de la rivière et près du pont ; il avait grand froid ; il toussait en donnant ses ordres ; il paraissait incertain de ce qu'il avait à faire ; puis, croyant plus prudent de ne pas pénétrer encore au milieu de la ville, il revint sur ses pas pour se placer à droite, dans une petite maison de bois..... »

« L'Empereur, dit son valet de chambre, s'arrêta à l'entrée du faubourg Dorogomilow et se logea dans une maison si sale et si misérable que le lendemain matin, nous trouvâmes dans le lit de l'Empereur et dans ses habits, une vermine fort commune en Russie..... L'Empereur ne put dormir pendant toute la nuit qu'il y passa..... L'odeur était si désagréable qu'à chaque instant Sa Majesté m'appelait : « Dormez-vous, Constant ? » — « Non!
» Sire. » — « Mon fils, brûlez du vinaigre, je ne

» puis tenir à cette odeur affreuse ; c'est un sup-
» plice, je ne puis dormir..... »

» Il était deux heures du matin quand on annonça
à l'Empereur que le feu éclatait dans la ville... »

L'homme de génie qui était habitué à tout faire
par lui-même, à tout tirer de son propre fonds,
avait, sans nul doute, organisé d'avance tout ce qui
concernait le cérémonial de son entrée dans
Moscou et, d'abord, le discours aux Boyards, par
lequel, profitant de la rivalité des deux capitales
russes, et des défauts de leur organisation politique, il aurait su se concilier les esprits de ces
sauvages courageux, au profit de son intervention
dans leurs affaires.

Il avait certainement songé au prélèvement
d'une contribution de guerre, en or, et à l'écou-
lement des faux assignats qu'il avait apportés dans
ses fourgons.

Certainement aussi, il savait à qui il prendrait et
à qui il donnerait, par quels côtés il ferait admirer
sa clémence et sa générosité impériales ! quelles
modifications il apporterait dans le gouvernement
du pays ; enfin comment il se montrerait dans la
discussion des préliminaires de paix, — patient
ou emporté ? magnanime ou sévère ?...

Sur les incidents de cette entrée à Moscou, les
récits russes ne s'écartent guère des témoignages
des vainqueurs.

Moscou, déserte, avait effectivement l'air d'un
coupe-gorge, d'autant plus dangereux qu'on pou-

vait supposer toutes les maisons habitées. — On alla chercher la députation et les clefs de la ville aux bureaux de l'administration, du gouvernement, à la municipalité, à la police, chez le général gouverneur, partout enfin où l'on espérait trouver quelques fonctionnaires. — Après des recherches infructueuses, un général polonais plein de zèle, qui s'en était chargé, retourna auprès de Napoléon et lui annonça que toutes les autorités supérieures avaient quitté la ville, où il ne restait personne, sauf quelques étrangers. — Aussi l'Empereur différa-t-il son entrée. Son orgueil fut froissé de ce qu'il ne pouvait pas être fait de description triomphale de la prise de possession de l'ancienne capitale de la Russie, pour le *Moniteur de l'Empire*. — Peut-être aussi le souvenir de Smolensk lui inspirait-il quelque crainte. — Il espérait peut-être encore voir venir à lui le lendemain une députation des habitants, au moins des habitants étrangers : Français, Italiens, Allemands, ses sujets, par le fait, qui le sait !

Napoléon avait bien eu le dessein de s'établir au Kremlin : Il jugea plus prudent de n'y point aller, car le bruit courait que le palais des Tsars était miné. — Il commença par nommer le maréchal Mortier, gouverneur général, avec ordre d'empêcher le pillage et de lui conserver Moscou. Près du pont de Dorogomilow on avait amené à Napoléon un libraire nommé Riss. — Il racontait plus tard qu'obligé de garder sa boutique, il en était sorti un instant, attiré par les sons de la musique militaire et le bruit des tambours, — il fut arrêté et conduit à l'Empereur. — « Qui es-tu? » lui demanda Napoléon. — « Libraire français. » — « Ah ! tu es donc sujet français ? » — « Oui, Sire, mais j'habite Moscou depuis longtemps. » — « Où est Rostopchin ? » — « Parti, Sire. » — « Et les magistrats municipaux ? » — « Partis aussi. » — « Qui donc est resté à Moscou? » — « Pas un Russe. » — « C'est impossible. » — Riss jura qu'il venait de dire l'exacte vérité. — L'Empereur fronça le sourcil, sembla réfléchir quelques minutes, puis comme s'il prenait une résolution dangereuse : « En avant, marche, » dit-il.

Les deux armées du roi de Naples et du maréchal Ney, qui avaient marché simultanément sur Moscou, franchirent le pont et leurs avant-gardes se mélangèrent avec l'arrière-garde des troupes russes qui évacuaient Moscou. — J'ai raconté ailleurs différents épisodes de ces rencontres, entre autres celui du roi de Naples acceptant la bourka d'un officier de cosaques, vétéran des guerres anciennes, et lui remettant en échange une superbe montre, appartenant..... à Gourgaud.

Je veux encore citer le récit d'un fonctionnaire russe, Kerbeletsky, fait prisonnier avant l'entrée des Français à Moscou et conduit devant leur souverain.

« Le premier septembre, raconte-t-il, le duc d'Istrie, Déloron, secrétaire d'Etat et son aide de

camp, un Polonais, le lieutenant-colonel Wolsovitch, m'ont interrogé non seulement sur la disposition et la force de nos armées, mais aussi sur
leurs mouvements et leurs succès, voire même sur
les intentions de notre gouvernement quant à la
paix.

» Toutes les autorités précitées avouaient connaître très bien la situation faite à Moscou, grâce
à des renseignements très exacts reçus, dit-on, par
Napoléon. Ils savaient qu'il n'y avait plus de
troupes à Moscou ; que non seulement, il ne serait
pas livré de bataille sous les murs de la ville, mais
que le gouvernement russe serait infailliblement
réduit à demander la paix à Napoléon. Wolsovitch
affirmait encore que leur Empereur dînerait à
Moscou le 2/14 septembre, et qu'il prendrait la
ville, malgré la résistance des troupes russes qui
avaient pris part à la bataille de Mojaïsk. Ainsi
désignaient-ils la bataille de Borodino. Il préten-
dait que Napoléon frapperait la Russie d'une forte
contribution de guerre, l'obligeant à la paix, malgré elle ; qu'il rendrait à la Pologne son autonomie,
en l'augmentant de Smolensk et de la Russie
blanche ; — qu'il habillerait de neuf son armée et,
après quelque temps passé dans la capitale, la ramè-
nerait à Paris, — à moins que le gouvernement
n'eût l'audace de s'obstiner et de ne pas vouloir
traiter, auquel cas Moscou ferait définitivement
retour à la Pologne, tandis que l'Empereur gagne-
rait Saint-Pétersbourg et s'emparerait de la Russie.

» Le même jour, 1ᵉʳ/13 septembre, Napoléon marcha sur Moscou à la tête de sa puissante armée et, vers le soir, s'arrêta à trente-quatre verstes de la ville, au village de Wiasiom, qui appartenait au prince Galitzin. Il y passa la nuit dans la maison même du prince.

» Ce jour-là il fit douze verstes en voiture avec le prince de Neufchâtel (Berthier), mais il ne put aller plus loin, arrêté par un profond ravin dont le pont avait été brûlé. — Il continua son voyage à cheval. — A la pointe du jour, le 2/14 septembre, il se remit en route et arriva vers dix heures du matin à une maison de campagne, à douze verstes de Moscou sur la droite de la grande route de Smolensk.

» Il y fut reçu par le roi de Naples, déjà installé et avant d'entrer dans les appartements ils se promenèrent pendant plus d'une heure dans la cour au milieu de laquelle s'élevait une chapelle, marchant lentement et discutant les mesures à prendre pour s'emparer de Moscou. Après quoi, Murat, ne prenant pas le temps de dîner, partit droit sur la ville vers laquelle coulaient, sans arrêt, l'infanterie, la cavalerie et l'artillerie de l'armée.

» Napoléon, lui, dîna et réconforté ne tarda pas à courir sur les traces de Murat. Il était suivi de tout son état-major qui avait mangé dans la cour et accompagné d'une escorte spéciale composée d'un escadron de chasseurs et d'un escadron de lanciers polonais qui emmenaient trois prisonniers russses.

A deux heures de l'après-midi, l'Empereur arriva sur le mont du Salut, à trois verstes de Moscou et le roi de Naples fit prendre à l'avant-garde ses formations de bataille.

» Napoléon, un plan à la main, et quelques-uns des généraux qui l'accompagnaient mirent pied à terre. L'armée se préparait au combat. On attendit ainsi sous les armes une demi-heure. Moscou reste silencieuse. L'Empereur fait donner le signal de l'investissement : un coup de canon. Cinq minutes encore et tout le monde est à cheval, galopant dans la direction de la ville. L'avant-garde et une partie du centre de l'armée s'ébranlent avec une rapidité incroyable ; la cavalerie, l'artillerie lancent leurs chevaux à fond de train ; l'infanterie allait au pas de course..... Le piétinement des chevaux, le grincement des roues, le bruit des canons se mêlant aux cris des soldats font un vacarme épouvantable. Le soleil est comme voilé d'épais nuages de poussière..... En dix minutes on fut à la barrière de Dorogomilow.

» La nouvelle inattendue que les troupes russes et les habitants avaient évacué Moscou frappa de stupeur Napoléon lui-même. Il en fut d'abord comme consterné, puis pour un moment sembla avoir perdu la raison. Sa démarche jusque-là tranquille devient hésitante, précipitée. Il regarde de côté, ajuste son uniforme, saisi d'un tremblement nerveux. Puis, immobile, il se gratte le nez, ôte son gant, le remet, sort son mouchoir, le froisse, le passe machinalement d'une poche dans l'autre et recommence inconscient.

» Pendant cette scène qui dura toute une heure, silencieux et immobiles comme des statues, ses généraux l'entourent — aucun n'ose bouger.

» Un peu revenu de sa stupeur, il demande son cheval, il entre dans la ville où le suit la cavalerie, jusque-là arrêtée devant. Il met pied à terre sur la rive droite de la Moskwa et, plus tranquille, marche quelque temps. Il passe enfin la nuit dans une baraque du faubourg d'où tout le monde a fui, sauf quatre concierges.

» Le 3/15 septembre, l'Empereur, à dix heures et demie du matin, pénétra enfin au cœur de sa conquête. L'Arbate était désert. Il aperçut cependant quelques personnes à la fenêtre d'une pharmacie. C'étaient le pharmacien avec sa famille et un général français blessé que l'escorte y avait logé la veille. Napoléon, d'un coup d'œil rapide et dur, embrassa toute la maison, fixa les personnes qui étaient à la fenêtre et passa. Il montait un petit cheval arabe blanc et était vêtu de sa redingote grise et d'un simple chapeau à trois cornes, pas de décorations. Sa suite, composée de maréchaux et autres dignitaires, était nombreuse. Leurs uniformes riches et variés, les cordons des divers ordres, formaient un tableau brillant qui rendait plus frappante encore la simplicité du costume de l'Empereur. »

C'est ainsi que le conquérant de Moscou arriva

à la porte de Borowitsky. — Pas plus de Moscovites là qu'ailleurs ! — Son indignation était peinte sur son visage ; il n'essayait point de déguiser les mouvements de son âme. En entrant au Kremlin, il dit d'un ton moqueur : « Quels murs ! »

Napoléon ne fut pas plutôt au palais que, des deux côtés de l'Arbate, de nouveaux incendies éclatèrent. Le feu prit au Gostinoï-Dwor, à la cour des voitures, à plusieurs maisons environnantes.

« Aussitôt, dit Ségur, l'Empereur donne des ordres ; il les multiplie ; le jour venu, lui-même y court ; il menace la jeune Garde et Mortier .....

» Mais, à la vue du Kremlin, à la fois gothique et moderne, des Romanoff et des Rurick ; de leur trône encore debout, de cette croix du Grand-Ivan et de la plus belle partie de la ville que le palais domine, il reprend son premier espoir. Son ambition est flattée de cette conquête ; on l'entend s'écrier : « Je suis donc enfin dans Moskwa, dans » l'antique palais des Tzars ! dans le Kremlin !..... » et, dans ce court moment, tout à l'espérance, il écrit à l'Empereur Alexandre des paroles de paix ..... L'incendie fut la seule réponse. »

⁂

L'enthousiasme des Parisiens, à la nouvelle de l'entrée de l'Empereur à Moscou, ne peut se dépeindre. On ne craignait qu'une chose, c'est que, de là, nouvel Alexandre, il ne marchât, de triomphe en triomphe, tout droit sur les Indes.

Je renonce à énumérer les épîtres, stances, odes et autres sortes de dithyrambes que provoqua cet événement. En voici quelques types que je crois peu connus ou oubliés :

ODE A SA MAJESTÉ L'EMPEREUR ET ROI,

SUR LA PRISE DE MOSCOU,

PAR M. QUAYNAT.

Elevons nos chants d'allégresse !
Vantons nos triomphes heureux !
Jadis l'Italie et la Grèce
Eurent des soutiens valeureux ;
Jusqu'à nos jours, Athène et Rome
Doutaient de voir paraître un homme
Qui pût égaler leurs succès.
Maintenant, elles sont moins fières,
En trouvant les preuves contraires
Dans le monarque des Français.

. . . . . . . . . . . .

. . . . . . . . . . . .

Ton vainqueur, témoin de ces crimes,
Moscou, déplore tes malheurs,
Et par des secours magnanimes
S'efforce d'essuyer tes pleurs ;
Mais tes maux sont trop innombrables,
Sur ces pertes irréparables,
Moscou, tu gémiras longtemps.
Pleure, vingt siècles sans orages
N'effaceraient pas les ravages
Des brandons de monstres sanglans.

.   .   .   .   .   .   .   .   .   .   .   .   .   .

.   .   .   .   .   .   .   .   .   .   .   .   .   .

Souris au tribut de mon zèle,
O toi, le plus grand des héros !
Toi dont la valeur immortelle
Compte ses jours par ses travaux !
De tes nouveaux exploits charmée,
Avec transport la Renommée
Vole en tous lieux les annoncer.
Avant ton règne mémorable,
Le Nord paraissait indomptable :
Tu naquis pour le terrasser.

**
* *

Mais Dieu ! qu'aperçois-je ? ô merveille
Qui saisit mes yeux éblouis,
Une déité sans pareille
Ouvre les célestes lambris.
Une autre la suit !..... C'est la gloire ;
La première, c'est la victoire,
Boussoles de la Nation ;
Dans l'éclat qui les environne,
Chacune porte une couronne
A l'auguste Napoléon.

Un autre poète lyrique anathématise la Russie dans un « poème sur la campagne de Russie par les armées réunies de France et d'Allemagne ». Paul Chanin chante :

Une nation factieuse
S'oppose au bien que nous voulons ;
Son influence désastreuse
Corrompt l'air que nous respirons.

Une île de nous se sépare !
C'est du Scythe, c'est du Tartare
Qu'elle ose appeler le secours !
Le crime de ce pacte impie,
Aux yeux de l'Europe trahie,
La déshonore pour toujours.

. . . . . . . . . . . . .

. . . . . . . . . . . . .

Heureux ! si les sons de ma lyre
Flattent l'oreille du Héros :
A mes chants s'il daigne sourire,
Je m'applaudis de mes travaux.
Je puis, de l'instrument sonore,
Tirer des sons harmonieux ;
Si je plais, mon âme enivrée,
Par l'enthousiasme inspirée,
Parlera la langue des dieux !

*<br>* *

A J.-B. Barjaud, maintenant, qui s'élève à l'épopée dans un poème intitulé : « Conquête de Moscou ».

Dans un transport divin, j'ai ressaisi ma Lyre ;
Un immense horizon s'étend sous mes regards ;
Aux confins de l'Europe, égarant mon délire
J'accours sous les drapeaux de Mars.

. . . . . . . . . . . . . . . . . .

Tombez, tour de Kremlin ! Tombez ! l'heure est venue !
Les voici, ces guerriers si souvent défiés
Votre orgueil impuni s'élevait dans la nue :
Qu'il s'anéantisse à leurs pieds.

*<br>* *

### N

. . . . . . . . . . . . . . . .

Ivre d'un fol orgueil, d'une gloire éphémère,
Le Russe osa braver le poids de ta colère,
Il arma contre toi ses nombreux bataillons
Mais dans trente combats, la victoire fidèle
En couronnant ton front d'une palme immortelle,
    Flétrit ses pavillons.

. . . . . . . . . . . . . . . .

****

Maintenant affranchis de leurs terreurs passées,
Croyant de leurs revers les traces effacées,
Ils prétendent cueillir un facile laurier :
Il ne croît plus pour **eux**, pour toi seul il s'élève :
Mais de leur sol ingrat, j'en atteste ton glaive,
    Sortira l'olivier.

. . . . . . . . . . . . . . . .

Le Russe espère, en vain, par un excès d'audace,
Se soustraire au péril dont ton bras le menace ;
Sa bouche ose indiquer le prix du déshonneur
A ce perfide appel, la voix de la Patrie
Répond : qu'il soit marqué du sceau de l'infamie,
    Le front du suborneur !

****

Tremblant à ton aspect, contre l'airain qui gronde
Il se fait un rempart de la flamme et de l'onde,
De ses propres foyers il est le destructeur :
Mais loin de retarder ta marche triomphale,
C'est la sombre clarté de sa torche fatale
    Qui guide son vainqueur.

Mais non ; prêt à frapper, le tonnerre s'arrête ;
Qui retient son courroux ? c'est le bras du vainqueur.
Ne lui dispute pas sa superbe conquête,
Moscou ! ta grâce est dans son cœur.

. . . . . . . . . . . . . . . . . . .

Tel je vois le héros que la foudre devance :
Il vient rendre aux climats, soulevés contre lui,
Le commerce, les arts, la paix et l'abondance,
Qui fleurissent sous son appui.

*<br>* *

Et quel sujet plus beau, plus digne de mes veilles !
Je suis contemporain du plus grand des Héros ;
Son siècle incomparable est chargé de merveilles,
Son nom remplit tous les échos.

*<br>* *

Soleil, du haut des airs, tu le vois qui s'avance ;
A-t-il quelque Rival dans l'Empire des Temps ?
Rappelle le passé sous ton regard immense,
Dans ses jours les plus éclatants !

*<br>* *

Tel qu'un géant qui touche au séjour du tonnerre,
Il lève devant toi son front audacieux,
Soleil ! et sa grandeur éclate sur la terre
Comme ta gloire dans les cieux.

*<br>* *

Puis c'est une « ode à S. M. l'Empereur, sur son
entrée à Moscou » par A. de la Garancière.

* *

Déjà de ses cent voix l'agile Renommée,
Proclame les succès de ta vaillante armée ;
Et les faits inouïs du plus grand des Césars.
Par elle l'on apprend, de l'un à l'autre pôle
Que le héros jadis vainqueur au Capitole
      Règne au palais des Tzars.

* *

En vain tes ennemis se flattent dans leur rage
Que leurs climats glacés dompteront ton courage ;
Tu dis en contemplant tes valeureux soldats :
« Si jamais la victoire, en caprices féconde,
» Fuyait, pour m'échapper, dans un troisième monde
      » J'y guiderais leurs pas ! »

.   .   .   .   .   .   .   .   .   .   .   .   .   .   .   .   .

.   .   .   .   .   .   .   .   .   .   .   .   .   .   .   .   .

Les combats fabuleux des héros du Scamandre,
La valeur de César, les exploits d'Alexandre,
Remplissaient l'univers d'un brillant souvenir.
Tu les as surpassés au Temple de Mémoire :
Ton nom, vainqueur des temps, éclipsera la gloire
      Des guerriers à venir.

* *

Et M. Mazaurie à son tour, célèbre « la prise de
Moscou » en des « stances enflammées ».

      Les fils aînés de la Victoire
      Suivent ce héros que la gloire
      A ceint du laurier des Césars ;

Par lui les destins s'accomplissent,
Et dans la tombe, au loin gémissent
Les mânes effrayés des Tzars.

* * *

Epouvanté de sa défaite
En vain notre ennemi s'apprête
A fortifier ses remparts;
Moscou troublé livre ses portes
Et nos belliqueuses cohortes
Y pénètrent de toutes parts.

* * *

Non, c'en est fait, l'heure est sonnée
Où la Russie consternée
Doit abaisser son fol orgueil;
Ses villes de cendres couvertes,
Ses campagnes au loin désertes,
De sa gloire sont le cercueil.

* * *

Peuple de la Samogitie,
Et toi, fière Lithuanie,
Accourez sous nos étendards
Régnez enfin sur vos domaines,
Napoléon brise vos chaînes!
Suivez ce favori de Mars.

* * *

Et vous dont je ressens l'ivresse,
En ce jour brillant d'allégresse,
Entonnez l'hymne du vainqueur
O fils! O reine, tendre épouse!
O France, l'Europe jalouse
Célèbre aussi votre Empereur!

Je termine enfin ces citations de poètes par cette
ode anonyme sur « la campagne de S. M. I. et R.
en Russie et son entrée à Moscou ».


. . . . . . . . . . . . . . . . . . . .


Eh quoi ! Mars en courroux, de ses mains meurtrières,
Sous vos corps palpitants a brisé vos bannières ;
Vos soldats par milliers sont plongés aux Enfers ;
Et fatiguant le Ciel par des hymnes de gloire,
      Vous démentez l'histoire
Qui grave, en traits de sang, vos immenses revers.

Lâches, où courez-vous ? Quels seront vos asiles ?
Ne lancez-vous les feux que sur vos propres villes ?
Ah ! tournez contre nous ce salpêtre éclatant.
Des coups de vos ayeux, élancés du Bosphore,
      L'Europe fume encore ;
Et les Parthes, du moins, fuyaient en combattant !

. . . . . . . . . . . . . . . . . . . .

. . . . . . . . . . . . . . . . . . . .

Napoléon se lève ; Il avance, Il ordonne ;
Tout à coup, à grand bruit, l'airain s'enflamme et
                           [tonne ;
Un cri parcourt les rangs : « Vive Napoléon ! »
Ces terribles accens, à l'armée ennemie,
      Sont, comme en la Lybie,
Aux daims épouvantés est le cri du Lion.

Muse, adoucis ta voix et les sons de ta Lyre ;
Devant Napoléon, l'Hydre fatale expire.

Le monde ne craint plus ce feu dévastateur :
Que l'encens fume aux pieds de nos autels antiques
        Et que de saints cantiques
Célèbrent d'âge en âge un héros protecteur !

***

Ainsi de chants joyeux retentit l'Ausonie,
Alors qu'un demi-dieu, sur les monts d'Arcadie,
Vainquit l'ardent Cacus, la terreur des hameaux ;
Et l'arrachant du sein des roches embrassées,
        Sur leurs voûtes brisées
De ses membres fumeux dispersa les lambeaux.

***

Pendant toutes ces effusions lyriques ou autres, Moscou brûlait, et l'Empereur, chassé du Kremlin, fuyait vers Petrowsky.

Laissons parler l'intendant général Dumas : « Il était nuit lorsque je pus quitter la maison que j'occupais. Nous sortîmes de Moscou sous une véritable pluie de feu. Le vent était si violent qu'il faisait voler les plaques de tôle détachées des toitures et rougies par les flammes. Les pieds de nos chevaux étaient brûlés. On ne peut guère se faire une idée de la confusion qui régnait dans cette évacuation précipitée. Le bruit de l'incendie était semblable au mugissement des vagues ; c'était vraiment une tempête sur une mer de feu. Toute la route, jusqu'à Petrowskoë, était jonchée de débris de toutes sortes, et surtout de bouteilles cassées, que les soldats avaient jetées çà et là.

Nous établîmes nos bivouacs sur la lisière d'un petit bois, d'où nous pouvions considérer cet effroyable spectacle, image de l'Enfer. Cette immense ville n'était plus qu'une plaine de feu ; le ciel et tout l'horizon étaient comme embrasés, et je pus lire, à une distance de trois quarts de lieue de l'incendie, des ordres du major général qui me furent apportés..... »

En fuyant devant le fléau, l'Empereur courut de sérieux dangers ; il eut les mains et les cheveux brûlés ainsi que ses bottes et ses habits, par places. Il avait été sauvé par des soldats en maraude à la faveur de l'incendie et qui l'avaient reconnu. Conduit en lieu sûr, il y rencontra le prince d'Eckmühl, souffrant encore de la blessure qu'il avait réçue à Borodino et qui le cherchait : très émus, ils se jetèrent dans les bras l'un de l'autre, si l'on en croit Ségur.

Le séjour à Pétrowsky fut d'ailleurs un véritable supplice, pendant les cinq jours d'agitation et d'alarmes qu'y passa Napoléon. Dès qu'il le put, il rentra à Moscou. Evidemment vaincu par le feu — qu'il n'avait pas prévu — il ne savait à quoi se décider et n'avait su prendre aucune disposition militaire, en prévision des événements futurs de la guerre.

La consternation de Napoléon fut grande lorsqu'il parcourut, après l'incendie, ces rues jonchées de ruines, sous une atmosphère lourde, exécrable. Les traces d'un pillage immense étaient évidentes : l'Empereur ne rencontrait que des bandes de maraudeurs chargés de butin, tandis que des soldats groupés devant les palais, les églises ou les caves, n'attendaient pas que le feu les eût atteints pour en enfoncer les portes. — Il passa sans mot dire, mais lorsqu'il vit que la vieille Garde elle-même était entraînée, il donna des ordres sévères pour arrêter le mal et, dit Ségur, « il consigna la Garde ».

De retour à Moscou l'Empereur sembla de meilleure humeur et surtout plus calme. — Son entourage s'en ressentit. Lorsque Napoléon regardait par les fenêtres du palais, il pouvait encore être troublé de pensées pénibles, mais il ne manifestait plus aussi souvent sa colère. Sa fureur ne se réveillait, et pour frapper durement sur ceux qui l'approchaient, que lorsqu'il pensait à Rostopchin, absent, lui, heureusement, et aux incendiaires. Aussi ne faisait-il pas bon, ces jours-là, sortir de chez soi et les quelques habitants qui s'y risquèrent, jugés sommairement, furent impitoyablement fusillés et ensuite pendus aux lanternes.

Dans ses Bulletins, Napoléon plaisanta les Russes pour avoir fêté la bataille de Borodino comme la première affaire victorieuse qu'eût eue jusqu'alors leur armée. — Il explique à sa manière l'incendie de Moscou et l'on sent qu'il se préoccupe du temps et de la situation que le froid peut faire à ses troupes.

« Trois cents chauffeurs, dit le Bulletin du

10 septembre 1812, XXI<sup>e</sup>, ont été arrêtés et fusillés; ils étaient armés d'une fusée de six pouces contenue entre deux morceaux de bois ; ile avaient aussi des artifices qu'ils jetaient sur les toits..... »

« Le temps, dit le XXII<sup>e</sup> Bulletin, est à peu près comme à la fin d'octobre à Paris. — Il pleut un peu et l'on a eu quelques gelées blanches. — On assure que la Moskwa et les rivières du pays ne gèlent point avant la mi-novembre.

» La plus grande partie de l'armée est cantonnée à Moscou ; elle se remet de ses fatigues. »

Et dans le XXIII<sup>e</sup> Bulletin : « Il fait depuis huit jours du soleil et plus chaud qu'à Paris dans cette saison ; on ne s'aperçoit pas qu'on soit dans le Nord. »

Je donne enfin la mesure officielle du désastre de Moscou, empruntée au XXIV<sup>e</sup> Bulletin : « Du levé des ingénieurs..... il résulte que l'on n'a sauvé du feu que la dixième partie de la ville, les neuf dixièmes n'existent plus. »

La pensée de faire la paix hantait toujours l'esprit de Napoléon. C'est pour l'Empereur Alexandre qu'il réservait toute son indulgence. A l'en croire, il n'eût pas hésité à signer la paix, s'il avait reçu une seule de ses lettres, qui, toutes, laissaient percer la tristesse que lui inspirait la situation du Tzar, situation qu'il n'avait pas créée.

C'est ainsi qu'il fut amené à exposer au Boyard Jakowleff, dont j'ai raconté ailleurs l'odyssée, ses généreux projets. Fain nous a conservé le croquis de cette entrevue : « Qu'Alexandre demande à traiter, dit l'Empereur, et je suis prêt à le faire.— Je signerai la paix à Moscou, comme je l'ai déjà fait à Vienne, à Berlin..... Je ne suis pas venu pour y rester; je ne devrais pas y être; je n'y serais pas si l'on ne m'y avait forcé. Le champ de bataille où la guerre devait se décider était en Lithuanie : pourquoi l'avoir reculé?..... Encore une fois, je ne suis pas venu dans votre capitale pour m'y établir. Je me serais arrêté aux portes, j'aurais fait baraquer mon armée devant les faubourgs, j'aurais déclaré Moscou ville neutre, si Alexandre avait dit un seul mot ! Ce mot, je l'ai attendu plusieurs heures, je le désirais ; le premier pas fait m'eût prouvé qu'Alexandre avait encore au fond du cœur quelque reste d'attachement pour moi. Dès lors, la paix aurait été promptement conclue entre nous et sans intermédiaire : Il m'aurait dit, comme à Tilsitt, *qu'on l'avait cruellement trompé sur mon compte,* et tout aurait été bien vite oublié !.....Si j'écrivais, porteriez-vous ma lettre et pourrais-je être sûr qu'elle serait remise à Alexandre, *à lui-même,* ajouta-t-il avec une intention marquée..... Dans ce cas je pourrai vous envoyer..... Mais avez-vous bien les moyens de parvenir jusqu'à votre souverain, et me répondez-vous qu'il aura ma lettre? » Naturellement Jakowleff promit.

Dans la nuit Napoléon se lève pour écrire sa lettre, A trois heures du matin, il la fait porter à M. de Jakowleff et celui-ci se mit aussitôt en route.....

Il en alla de même avec M. Toutolmine, directeur de la maison des enfants trouvés, qui eut l'honneur de s'entretenir avec l'Empereur et l'entendit parler de son estime et de ses sentiments fraternels pour l'Empereur Alexandre, et aussi de son vif désir de conclure la paix : « Jamais je n'ai fait la guerre de cette manière, disait Napoléon à Toutolmine, mes troupes savent se battre, mais pas brûler. Depuis Smolensk, je ne trouve que des cendres. Il est temps de mettre fin à ce désastre, il est temps de faire la paix ; je n'ai rien à faire en Russie. » Les devoirs de la charge de M. Toutolmine ne lui permettaient pas de quitter Moscou. Napoléon l'engagea à glisser, dans le premier rapport qu'il ferait à l'Impératrice, un mot sur ses dispositions pacifiques, se chargeant de faire porter le pli à travers ses avant-postes.

Cependant le manque de vivres et d'approvisionnements en général, commençait à se faire sentir, même au quartier général. Kerbelitzky, que j'ai déjà cité, dit qu'au retour de l'Empereur au Kremlin, les soldats français y apportèrent et emmagasinèrent dans l'arsenal : de la farine, du gruau, de l'avoine, qu'ils avaient trouvés en faibles quantités dans Moscou et dans les villages environnants.

L'ignorance des lieux, l'incendie, le pillage et toutes les calamités inséparables firent perdre le contact avec l'armée russe ; ce qui causa à l'Empereur une vive inquiétude. — Craignant au début que les continuels pourparlers échangés par les avant-postes français avec les Russes ne servissent de prétexte à beaucoup d'imprudences, Napoléon fit défendre à Murat, par Berthier, d'entretenir des relations avec l'ennemi par quelque moyen que ce fût. « Sa Majesté, écrivait le grand maréchal, trouve bon que les communications avec les Russes se bornent à des coups de canon ou de fusil. » Mais l'armée de Kutusoff disparue, l'angoisse de Napoléon s'augmenta des craintes des maréchaux, à qui il semblait toujours que le général russe allait couper leur ligne de retraite. — Enfin Kutusoff fut retrouvé.

« Le 11/24 septembre, Napoléon, précédé de deux pages de la Chambre, accompagné de son état-major et des officiers de sa maison, en outre de trois prisonniers russes et suivi d'une escorte de chasseurs et de lanciers polonais, sortit du Kremlin pour visiter les ruines de Moscou. Il avait ôté, pour la première fois, sa redingote grise, et parut en uniforme. — Il n'était pas d'ailleurs, comme sa suite, chamarré d'or. Il portait un habit de drap vert foncé, à col rouge, sans broderie. Des épau-lettes; au côté gauche, l'étoile de la Légion d'honneur et sous l'uniforme un soupçon de cordon rouge, sur la tête un tricorne orné d'une petite cocarde. Il montait un simple cheval polonais, tandis que les généraux et dignitaires paradaient sur des chevaux anglais, et nous, sur des rosses de paysans, passablement épuisées par la faim. En voyant de loin Napoléon et sa suite nombreuse, quelques habitants de Moscou, qui, restés chez eux, avaient bu jusqu'à la lie la coupe des douleurs, s'enfuirent épouvantés ; d'autres plus hardis le regardaient à la dérobée, de derrière les murailles écroulées. Enfin, à l'entrée d'une ruelle, près du marché au gibier, une quarantaine de bourgeois, vêtus de haillons, transis de peur, de froid et de faim, ayant à peine figure humaine, tombent à genoux, tendant les mains vers le souverain étranger, jetant les hauts cris, et se plaignant de ce qu'on les a pillés, ruinés indignement, implorent sa bienveillance et au moins du pain.

» Mais sans daigner leur jeter un regard, le brutal tourna son cheval à droite, jetant l'ordre à son secrétaire d'État de s'informer de ce que voulaient ces gens.

» Sur toute son étendue, Moscou offrait le spectacle d'une inexprimable horreur et d'un complet abandon. Quelques maisons, épargnées par le feu, étaient pillées, les églises saccagées et profanées ; des objets de toute nature jonchaient partout le pavé des rues : lustres, glaces, vaisselle précieuse ou autre, meubles, tableaux, livres, ornements d'église, les Icones mêmes, images vénérées des saints, tout gisait çà et là, brisés, déchirés, cassés. »

Une fois le pillage toléré, il avait été impossible de l'arrêter, malgré les menaces et les ordres les plus sévères. — Les soldats, ivres, oubliaient toute discipline. L'insubordination vint à ce point que le général Sebastiani dut avouer qu'il n'était plus maître des hommes, que plusieurs fois, le soir, des habitants, se faisant justice, assassinaient et enterraient aussitôt.

Le 10/22 septembre, il est porté à l'ordre de l'armée que la Garde manque à ses devoirs et que les passants ne sont plus contraints de connaître le mot d'ordre.

Le 12/24 septembre à la parade, « les officiers affectent de ne pas présenter les armes à l'Empereur », et le grand maréchal du palais se plaint vivement, que, « malgré des défenses réitérées, les soldats continuent à faire leurs besoins dans toutes les cours et même jusque sous les fenêtres de l'Empereur. »

« Les journées, dit Constant, étaient longues au Kremlin. L'Empereur attendait la réponse d'Alexandre, réponse qui ne vint pas. A cette époque, je remarquai que l'Empereur avait habituellement sur sa table de nuit *l'Histoire de Charles XII*, de Voltaire..... »

Le même Constant signale un petit inconvénient de ce palais. « L'Empereur était vraiment impatienté de la présence de grandes quantités de corneilles et me disait : « Mais, mon Dieu ! nous suivront-» elles partout ? »

L'auteur qui signe A. F. de B., donne sur les habitudes de Napoléon à Moscou, quelques détails intéressants :

« Presque tous les jours «Buonaparte» faisait des

promenades dans la ville ; monté sur un petit cheval blanc, arabe, il était accompagné de quelques généraux, de ses aides de camp et de cinquante lanciers. Jamais il ne parlait à personne dans la rue. J'ai seulement remarqué que dans ses promenades il s'entretenait avec un des généraux de la suite.....

» Il y avait une comédie française à laquelle je ne sache pas que Buonaparte soit jamais allé, pas plus que les maréchaux eux-mêmes. — Il jouait quelque fois le soir aux cartes avec Duroc, grand maréchal de son palais, c'était là son unique délassement. »

Cependant nous trouvons dans Constant que « il y eut quelques concerts chez l'Empereur pendant son séjour à Moscou. Napoléon y était fort triste. La musique des salons ne faisait plus d'impression sur cette âme malade..... »

Un chanteur italien nommé Tarquinio et le pianiste Martini faisaient les frais de ces concerts.

Hélas ! concerts, cartes, comédie ou promenade ne parvenaient plus à distraire le vainqueur, de ses idées qui se tendaient toutes à la solution d'un problème insoluble : Comment sortir de cette situation sans issue et comment faire accepter à l'Europe encore soumise, cette campagne manquée pour une campagne heureuse ?

A. F. de B. continue : « Malgré tous les contre-temps, Buonaparte faisait faire continuellement à sa garde et à la garnison, de grandes parades.

Quelques habitants, par l'entremise d'un officier, trouvaient moyen de s'y glisser. Je fus une fois du nombre et dans une occasion où le spectacle était fort curieux : c'était une distribution de récompenses et de croix de la Légion d'honneur. — Je vis cet homme, de petite stature et de forte corpulence, descendre les degrés du château, un nombreux état-major de maréchaux et de généraux l'entourait. La musique militaire annonça son arrivée ; il avança à cinquante pas du front de la troupe ; il était vêtu d'une redingote verte et son chapeau était enfoncé d'une manière singulière jusque sur ses yeux, méchants et scrutateurs. Son grand cordon de la Légion d'honneur était tellement caché sous sa redingote qu'on n'en apercevait le bord que par intervalles. — Je ne me suis pas aperçu que dans cette cérémonie Napoléon ait prononcé de harangue. A chaque nomination, la musique jouait une fanfare..... Buonaparte semblait annoncer, par la fierté de ses regards, la conscience de la puissance extraordinaire dont il était investi. »

Cependant Alexandre a dédaigné de répondre à Napoléon — sous ce nouvel affront il s'irrite.

Voici, d'après Ségur, ce qui se passa lorsque l'Empereur fut certain de son échec : « Le 3 octobre (21 septembre), après une nuit d'inquiétude et de colère, il appelle ses maréchaux. Dès qu'il les aperçoit : « Entrez, s'écrie-t-il, écoutez le nouveau » plan que je viens de concevoir. Prince Eugène,

» lisez ! » — Ils écoutent. — « Il faut brûler les
» restes de Moscou ; marcher par Twer sur Péters-
» bourg où Macdonald viendra les joindre ! Murat
» et Davout feront l'arrière-garde ! » Et l'Empereur, tout animé, fixe ses yeux étincelants sur
ses généraux, dont la figure froide et silencieuse
n'exprime que l'étonnement. Alors, s'excitant
pour les exalter : « Hé quoi ! C'est vous que cette
» pensée n'enflamme point ! Jamais un plus grand
» fait de guerre aura-t-il existé ! Désormais cette
» conquête est seule digne de nous ! De quelle
» gloire nous serons comblés et que dira le monde
» entier, quand il apprendra qu'en trois mois nous
» avons conquis les deux grandes capitales du
» Nord ! ».

» Mais Davout, comme Daru, lui opposent la
saison, la disette, une route stérile, déserte, factice, celle de Twer à Pétersbourg, qui s'élève sur
cent lieues de marais, et qu'en un jour trois cents
paysans peuvent rendre impraticable ! Pourquoi
s'enfoncer de plus en plus dans le Nord ; aller
encore au-devant de l'hiver, le provoquer, le braver ! On en était déjà trop près. Et que devien-
draient six mille blessés, encore dans Moscou ? On
allait donc les livrer à Kutusoff ! Celui-ci talonne-
rait l'armée ! Il faudrait à la fois attaquer et se
défendre et marcher, comme en fuyant, à une
conquête ! ..... »

Fain confirme ce récit que je reprendrai plus
loin : « Il s'agit de finir la campagne et non de la

prolonger, dit-on à Napoléon. — La question n'est plus de vaincre, mais de rentrer au plus tôt dans des quartiers d'hiver. La route la plus courte et la moins disputée doit être préférée. Il faut donc laisser là Kutusoff, sa bataille et nous en aller. »

Le temps n'était plus où Napoléon disait en parlant de ses maréchaux : « Ils pensent qu'ils me sont indispensables ! Ils ignorent que j'ai des centaines de généraux de brigade qui pourraient parfaitement les remplacer. »

Les maréchaux comprenaient, eux, non seulement les dangers qu'ils allaient courir à l'approche de l'hiver, mais aussi l'état peu rassurant des troupes. Depuis son séjour à Moscou, l'orgueil de Napoléon l'avait aveuglé sur ce fait. Il se représentait l'armée tel qu'il aurait voulu qu'elle fût et donnait des ordres en conséquence. Pas un de ses généraux n'osa le désabuser, de sorte qu'il fallut que la nécessité en sautât aux yeux de tous pour qu'il prît des dispositions nouvelles.

Pour le moment, devant l'obstination de ses maréchaux, et le refus de la Russie de serrer la main qu'il lui tendait trop tard, Napoléon montra tout à coup une rare sollicitude pour le bonheur du genre humain en se décidant à faire la paix à tout prix. — Je reprends le récit de Ségur :

« Il pense donc à envoyer Caulaincourt à Alexandre. Mais le duc de Vicence, plus capable d'opiniâtreté que de flatterie ne changea point de langage, il soutint « que cette ouverture serait

» inutile ; que tant que le sol russe ne serait pas
» entièrement évacué, Alexandre n'écouterait
» aucune proposition : que la Russie sentait, à
» cette époque de l'année, tout son avantage ; que,
» bien plus, cette démarche serait nuisible, en ce
» qu'elle montrerait le besoin que Napoléon avait
» de la paix, et découvrirait tout l'embarras de
» notre position ! » Il ajouta : « Que plus le choix
» du négociateur serait marquant, plus il marque-
» rait d'inquiétude, qu'ainsi, lui, plus que tout
» autre échouerait et d'autant plus qu'il partirait
» avec cette certitude. » — L'Empereur rompit
brusquement l'entretien par ces mots : « Eh bien !
» J'enverrai Lauriston ! »

» Celui-ci assure qu'il ajouta de nouvelles ob-
jections aux précédentes et que, provoqué par
l'Empereur, il ouvrit l'avis de commencer, dès le
jour-même, la retraite, en se dirigeant sur Kalouga. — Napoléon irrité lui répliqua avec amertume:
« Qu'il aimait les plans simples, les routes les
» moins détournées, les grandes routes, celle par
» laquelle il était venu, mais qu'il ne voulait la re-
» prendre qu'avec la paix. » — Puis, lui montrant
comme au duc de Vicence la lettre qu'il venait
d'écrire à Alexandre, il lui ordonna d'aller obtenir
de Kutusoff un sauf-conduit pour Saint-Pétersbourg. — Les dernières paroles de l'Empereur à
Lauriston furent : « Je veux la paix ! Il me faut la
» paix ! Je la veux absolument ! Sauvez seulement
» l'honneur. »

Kutusoff — que Ribas lui-même ne saurait tromper, au dire de Souvoroff — concevait bien qu'il fallait retenir Napoléon à Moscou. Il sut si bien séduire Lauriston par de belles paroles, que l'ambassadeur sentit naître en son cœur l'espoir d'une prompte paix et, ce qui est plus grave, qu'il sut entretenir l'espérance de son souverain, qui crut sérieusement qu'il réussirait à conclure un armistice, à condition que Moscou serait immédiatement rendue au gouvernement russe et que l'armée française, avec son artillerie et ses bagages, rétrograderait à Viazma, où l'on commencerait, sur les bases d'une confiante et mutuelle amitié, les négociations.

Entre temps la position devenait de plus en plus critique.

La guerre de partisans, dont j'ai parlé ailleurs, s'allumait de tous côtés. — Il fallait escorter de troupes en armes, cavalerie, infanterie et même artillerie, les soldats qu'on envoyait au fourrage. Il fallait presque prendre de vive force chaque brassée de foin, chaque mesure d'avoine. C'étaient de continuelles surprises, des combats, des pertes d'effectif.

Quand les paysans s'en mêlèrent, ils commencèrent par punir de mort ceux d'entre eux qui essayaient d'avoir quelque rapport avec l'envahisseur; ils brûlèrent eux-mêmes leurs villages, cachèrent ou au besoin détruisirent leurs provisions. « Napoléon, dit Porter, fit des proclamations dans lesquelles il faisait briller ses vertus, comme héros et souverain. Il invitait les natifs dispersés

à retourner chez eux et à y jouir, en y fraternisan`
avec la grande nation, de la liberté et du bonheur
dus à sa protection..... Les hommes que, de loin,
il avait insultés, le forçaient à les reconnaître
comme une race trop noble pour trahir soit eux-
mêmes, soit ceux qui se confiaient à leurs vertus.....
Le talisman de sa fortune favorable devait être
brisé par le courage et la fermeté de ce même peuple qu'il avait appris aux nations, ses sujettes, à
mépriser, comme composé de sauvages ignorants
et d'esclaves héréditaires. »

Kutusoff avait déclaré à Lauriston que sa demande de passage pour Pétersbourg n'était pas
dans ses attributions et lui offrit d'envoyer sa lettre
par le prince Volkonsky, accordant un armistice
jusqu'au retour de cet officier.

« Ce qui fut bientôt prouvé, reprend Ségur, c'est
que les généraux russes s'étaient surtout entendus
pour tromper Murat et son Empereur. Ils y réus-
sissaient : les détails rapportés par Lauriston trans-
portèrent de joie Napoléon. Crédule par espoir,
par désespoir peut-être, il s'enivre quelques instants de cette apparence ; et pressé d'échapper aux
sentiments intérieurs qui l'oppressent, il semble
vouloir s'étourdir, en se livrant à une joie expan-
sive. — Il appelle tous ses généraux ; il triomphe
en leur annonçant une paix toute prochaine!
Quinze jours d'attente suffiront ! Lui seul a connu
les Russes ! A la réception de sa lettre, on verra
Pétersbourg faire des feux de joie !..... »

Tout de même, pour se créer des armes nouvelles contre Alexandre, Napoléon fit recueillir tous les renseignements possibles sur l'émeute de Pougatchef; on désirait surtout se procurer une des dernières proclamations de l'aventurier, où l'on comptait trouver les noms de quelques familles qu'on eût pu mettre sur le trône. On s'adressait à quiconque pour avoir ces renseignements. Mais, à la première difficulté, on abandonna cette idée. — On proposa ensuite à des Tartares de se rendre à Kazan et d'y rallier leurs compatriotes aux idées d'indépendance, leur promettant, en cas de révolte, soutien et assistance : ce projet n'eut pas plus de suite — les Tartares ne comprirent rien.

La mission de Lauriston fut présentée à la nation française comme le résultat de pourparlers, auxquels l'Empereur avait répondu, disait-on, par un ultimatum. Soit pour flatter l'armée, soit pour intimider les Russes, on fit courir le bruit que Riga avait été prise d'assaut ; que Macdonald était entré à Saint-Pétersbourg le jour même de la prise de Moscou et l'avait également brûlée. On disait que des convois chargés de vêtements d'hiver pour l'armée suivaient la route de Wilna à Smolensk ; que le maréchal Victor amenait des renforts considérables ; qu'au retour du printemps l'armée serait aussi puissante et les soldats aussi bien armés qu'à leur entrée en Russie ; qu'on pouvait s'en fier à la prévoyance du héros qui n'avait rien négligé et qu'en un mot, si la paix ne se concluait pas cet hiver, l'Empereur nommerait un duc de Pétersbourg et refoulerait les Russes en Asie.

Napoléon n'était pas seul à trouver mauvaise la manière des Russes de faire la guerre ; toute l'armée française partageait son mécontentement et murmurait : « C'est votre Sénat qui est cause de tout ce mal. » — « Non, impossible, notre Sénat n'a point de pouvoir administratif. » — « C'est donc votre Empereur ? » — « Non, vous êtes injustes envers lui. » — « Mais alors, quel dommage qu'on ait brûlé une si belle ville ; nous y aurions eu de magnifiques quartiers d'hiver. Nous avons tous de l'argent, nous en aurions dépensé beaucoup et ainsi les habitants seraient rentrés dans leurs contributions de guerre, et nous nous en serions tous mieux trouvés. » Ainsi parlait à des Russes un officier francais.

La résistance de ce peuple dont le caractère était évidemment méconnu, prenait de jour en jour un caractère plus menaçant. — Des partisans, un prêtre à leur tête, prirent la ville de Véréia, à quelques lieues de Moscou ! D'autres encore s'emparèrent de deux convois considérables sur la grande route de Smolensk, la seule par où l'on communiquât avec l'Europe, avec la France.

Partout était la guerre, devant, sur les flancs, bientôt sur les derrières de l'armée. Evidemment l'immense conquête se perdait en détail. L'Empereur dut convenir que le système de défense des

Russes était supérieur à son système d'attaque : enfoncés dans leur centre, ils avaient tourné tous leurs efforts contre les flancs de l'ennemi. Il ne leur restait plus qu'à se reformer derrière lui. Pour comble de malheur, l'hiver approchait. L'Empereur n'en ignorait pas les avertissements, mais il ne voulait pas se laisser ébranler.

L'inquiétude dont il était ressaisi depuis que Lauriston avait été joué, se décelait par des ordres de colère. — Ce fut alors qu'il fit dépouiller les églises du Kremlin de tout ce qui pouvait servir de trophées à la Grande Armée. On arracha les armes de Moscou, le Saint-Georges, de la maison du Sénat, l'Aigle, de la porte de Nikolsky et la croix, du clocher d'Ivan Veliki. « Il fallut de longs efforts, dit Ségur, pour arracher à la Tour du Grand Ivan sa gigantesque croix. L'Empereur voulait qu'à Paris le dôme des Invalides en fût orné. Pendant les travaux on remarqua qu'une foule de corbeaux entouraient sans cesse cette croix et que Napoléon, fatigué de leurs tristes croassements, s'écria : « qu'il semblait que ces nuées d'oiseaux » sinistres voulussent la défendre. »

« J'étais seul avec le prince de Wagram, dit un autre témoin oculaire, le général Dumas, sur le balcon de l'appartement de l'Impératrice qu'il occupait. Nous observions les vains efforts que faisaient des ouvriers sous la direction des ingénieurs pour détacher de dessus le dôme de la principale église l'immense croix, dite d'Ivan..... Le major général, affligé, indigné de cette spoliation si impolitique, me dit : « Est-il possible qu'on fasse » une telle chose quand on a la paix dans la poche! »

Les fidèles du maître, serviteurs de tous les jours qui avaient surtout à souffrir de ses accès de colère, savaient combien lui était lourd le fardeau de sa situation : Roustan, son mameluck, reçut un formidable coup de pied dans la poitrine, pour lui avoir présenté la botte gauche au pied droit, et en tomba à la renverse.

Cependant on croyait encore dans l'armée et l'état-major à l'étoile de Napoléon. — On faisait des projets : les uns parlaient d'aller en Ukraine; d'autres de marcher sur Pétersbourg ; « mais, dit Labaume, les gens sages répétaient qu'on aurait dû depuis longtemps retourner à Wilna..... Napoléon croyait effrayer l'ennemi, en feignant de vouloir passer l'hiver à Moscou ; pour ce ridicule stratagème, il forma le plan d'armer le Kremlin et de faire même une citadelle de la grande maison de force située dans le quartier de Petersbourg..... Enfin, alors que tout était épuisé et qu'on n'avait rien pour vivre, il nous ordonna de faire des provisions pour deux mois. »

« Vinrent tout à coup les premières neiges, écrit Ségur; avec elles tombèrent toutes les illusions dont il cherchait à s'environner. Dès lors, il ne songe plus qu'à la retraite, sans toutefois en prononcer le nom, sans qu'on puisse lui arracher un ordre qui l'annonce positivement.

Il dit seulement que dans vingt jours, il faudra que l'armée soit en quartiers d'hiver ; et il presse le départ de ses blessés. Là comme ailleurs, sa fierté ne peut consentir au moindre abandon volontaire : les attelages manquent à son artillerie, désormais trop nombreuse pour une armée aussi réduite ; il s'emporte, il s'irrite à la pensée d'en laisser une partie à Moscou : « Non ! l'ennemi s'en ferait un » trophée ! » Et il exige que tout marche avec lui. »

L'auteur des *Lettres sur la guerre de 1812* donne le dernier trait : « Quelques jours avant le départ de Moscou, il a paru un ordre du jour bien certainement sans pareil dans les fastes de l'humanité : Chaque chef de corps a dû fournir un état par colonnes indiquant le nombre des blessés qui pourraient se rétablir : 1° dans huit jours ; 2° dans quinze jours ; 3° dans un mois ; et réciproquement, 4° le nombre d'hommes devant mourir dans les quinze jours et 5° le nombre d'hommes blessés ou malades ne devant pas passer huit jours. — On n'a ordonné de faire soigner et transporter que les hommes compris dans la première classe, le reste devant être abandonné. »

Le trouble de l'Empereur allait en augmentant. « C'était surtout le matin, à son lever, dit Ségur. Là, au milieu des chefs rassemblés, entouré de leurs regards inquiets, et qu'il suppose désapprobateurs, il semble vouloir les repousser par son attitude sévère et sa voix brusque, cassante et concentrée, et à la pâleur de son visage, on voyait que la vérité qui ne se fait jamais mieux entendre que dans l'ombre des nuits, l'avait oppressé longuement de sa présence et fatigué de son importune clarté! Quelquefois, alors, son cœur trop surchargé déborde et répand ses douleurs autour de lui par des mouvements d'impatience; mais loin de s'être soulagé de ses chagrins, il rentre en les ayant accrus par ces injustices qu'il se reproche et qu'il cherche ensuite à réparer.

» Ce ne fut qu'avec le comte Daru qu'il s'épancha franchement, mais sans faiblesse : « Il allait, » disait-il, « marcher sur Kutusoff, l'écraser ou l'écar- » ter, puis tourner subitement vers Smolensk. » Mais alors Daru, jusque-là de cet avis, lui répond : « Qu'il est trop tard; que l'armée russe est refaite, » la sienne affaiblie, la victoire oubliée! Que dès que » son armée aura le visage tourné vers la France, » elle lui échappera en détail; que chaque soldat, » chargé de butin, prendra les devants pour aller » vendre en France. » — « Eh! que faire donc? » s'écrie l'Empereur. — « Rester ici! » reprit Daru, « faire de Moscou un grand camp retranché, et y » passer l'hiver. Le pain et le sel n'y manqueront » pas, il en répond. Pour le reste, un grand four- » rage suffira. Ceux des chevaux qu'on ne pourra » pas nourrir, il offre de les faire saler. Quant aux » logements, si les maisons manquent, les caves » y suppléeront. Ainsi l'on attendra qu'au prin- » temps nos renforts et toute la Lithuanie armée » viennent nous dégager, s'unir à nous et achever

» la conquête ». A cette proposition, l'Empereur
reste d'abord muet et pensif; puis il répondit :
« Ceci est un conseil de lion! Mais que dirait
» Paris? Qu'y ferait on? Que s'y passe-t-il, depuis
» trois semaines qu'il est sans nouvelles de moi?
» Qui peut prévoir l'effet de six mois sans com-
» munications? Non! la France ne s'accoutumerait
» pas à mon absence et la Prusse et l'Autriche
» en profiteraient! »

L'Autriche, il en avait toujours douté, même
lorsqu'il excitait l'ardeur de ses alliés et qu'il
donnait des instructions à Schwartzemberg, — « A
l'appui de ces instructions, dit le baron Fain,
l'Empereur accordait au général autrichien douze
mille francs par mois comme « *fonds secrets* »; lui
faisait payer un second acompte de cinq cent mille
francs; ne refusait aucune des récompenses parti-
culières que proposait ce général; demandait pour
lui à Vienne, le grade de feld-maréchal, et pour
le corps qu'il commandait, tous les avancements
à donner dans l'armée autrichienne. »

Aussi Schwartzemberg, « reconnaissant », avait-il
averti secrètement Napoléon qu'il ne pouvait plus
compter sur l'appui de l'Autriche, mais seulement
sur lui personnellement.

« Toutefois, reprend Ségur, Napoléon ne se
décide encore ni à rester, ni à partir. Vaincu dans
de combat d'opiniâtreté, il remet de jour en jour
à avancer sa défaite. Au milieu de ce terrible
orage d'hommes et d'éléments qui s'amasse autour

de lui, ses ministres, ses aides de camp le voient passer ses dernières journées à discuter le mérite de quelques vers nouveaux, qu'il vient de recevoir, ou le règlement de la Comédie-Française de Paris, qu'il met trois soirées à achever.....

» On remarque seulement qu'il prolonge ses repas, jusque-là, si simples et si courts. Il cherchait à s'étourdir. Puis on le voyait, s'appesantissant, passer de longues heures à demi couché, comme engourdi, et attendant, un roman à la main, le dénouement de sa terrible histoire. »

C'est un tableau que le valet de chambre, Constant, confirme de tout point; en ajoutant que les derniers jours qui précédèrent le 18 octobre furent les plus tristes qu'il eut jamais vus et que la froideur de l'Empereur devint absolument taciturne, des heures entières se passant sans qu'une seule des personnes présentes prît l'initiative de la conversation.

Pendant ce temps le *Moniteur* et les *Bulletins officiels* n'enregistraient que des mensonges ou des éloges exagérés.

Tout succès, de peu d'importance fût-il, en est le prétexte.

Le 3 octobre (21 septembre) on peut lire : « L'hiver se fait sentir. Nos troupes sont bien cantonnées et observent une admirable discipline. Nous avons trouvé à Moscou tous les drapeaux pris aux Turcs par les Russes depuis cent ans ! » — « Mais, dit encore Ségur, s'il passe en revue ses différents corps d'armée, comme leurs bataillons réduits ne lui présentent plus qu'un front court, qu'en un instant il a parcouru, cet affaiblissement l'importune; et soit qu'il veuille le dissimuler à ses ennemis, ou même aux siens, il déclare que jusqu'alors c'est par erreur qu'on les a rangés sur trois hommes de hauteur; que deux suffisent : il ne forme donc plus son infanterie que sur deux rangs.

» Bien plus, il veut que l'inflexibilité des états de situation se plie à cette illusion. Il en conteste les résultats. L'opiniâtreté du comte de Lobau ne peut vaincre la sienne; par là, il veut sans doute faire comprendre à son aide de camp ce qu'il désire que les autres croient et que rien ne pourra ébranler sa résolution.

» Néanmoins Murat lui a fait parvenir les cris de détresse de son avant-garde. Ils effraient Berthier. Mais Napoléon appelle l'officier qui les apporte; il le presse de ses interrogations, l'étonne de ses regards, l'accable de son incrédulité. Les assertions de l'envoyé de Murat perdent de leur assurance. Napoléon se sert de son hésitation pour soutenir l'espoir de Berthier, pour lui persuader qu'on peut attendre encore, et il renvoie l'officier au camp de Murat, avec l'opinion, qu'il répandra sans doute, que l'empereur est décidé; qu'il a sûrement des raisons pour persister ainsi, et qu'il faut que chacun redouble d'efforts. Et réellement, pendant quelques jours encore, la fierté d'une contenance inébranlable pouvait seule appuyer ses négociations. »

On ne peut croire que Napoléon ait cru réellement à son optimisme. Il saute aux yeux que ses actes étaient tous marqués au coin de l'indécision. — Ses entours ne lui trouvaient plus cette résolution d'une promptitude et d'une audace toujours conformes aux circonstances qui la provoquaient. Son génie, si hardi au moment de son élévation, semblait diminuer, vaciller. Son obstination, en revanche, augmentait. Il se refusait à constater ses déceptions, l'anéantissement de tous ses plans, de guerre, d'occupation ou de paix, plans marqués du sceau du génie, s'il eût réussi; mais bas et déshonorants en cas d'échec. — Or, tous ses projets échouaient, ou s'évanouissaient.

De ces projets le plus déshonorant était certes celui d'importer en Russie de faux billets de cent roubles, pour une somme de cent millions. On ne peut douter que ces billets eussent été préparés à Paris. En dehors de plusieurs allusions, plus ou moins directes, Berthier se plaint ouvertement, dans l'une de ses lettres, de la disparition d'une calèche qui contenait les papiers les plus secrets. — Or on avait trouvé dans cette calèche une irrécusable pièce à conviction : la plaque même gravée de ces espèces d'assignats de cent roubles.

Toutes les précautions avaient été prises avant la guerre pour que les artistes qu'on employa ne connussent pas le but déloyal de leur travail. On fut longtemps à terminer les fausses planches, ce qui irritait l'Empereur, qui à plusieurs reprises fit activer la fabrication. La campagne était déjà commencée lorsqu'il arriva vingt-huit caisses pleines de ces billets et s'ils ne furent pas mis en circulation, c'est que l'armée avait fait le vide sur la route et qu'il n'y avait plus personne soit à payer, soit à récompenser.

Mais le maire de Moscou, par intérim, le marchand Nakhodkine, reçut ainsi cent mille roubles faux, pour prix de ses complaisances. Pozdniakoff, Koltchouguine et autres qui touchèrent à la même caisse, ne purent faire circuler cet argent et Toutolmine, le respectable directeur de la maison des Enfants trouvés, refusa net de s'associer à une pareille fraude ; il prévint l'Impératrice qu'on avait voulu le corrompre avec ces faux billets, importés en quantité. Sur l'ordre de Napoléon on en soldait les troupes françaises, mais c'était à contre-cœur que la Garde les acceptait, quoiqu'ils fussent habilement contrefaits et faciles à faire passer dans la circulation, même par les Banques.

Déjà, au printemps de 1812, le duc de Bassano avait fait remettre vingt millions de cette sorte à M. Frenckel, banquier à Varsovie, en le chargeant de les faire pénétrer en Russie au fur et à mesure de l'invasion française. On ne sait si le coup réussit ; à Brode, il y en eut pour un million et demi.

« Cependant, dit Ségur, Napoléon rallie ses corps d'armée ; les revues qu'il passe dans le

Kremlin sont plus fréquentes. Il réunit en bataillons tous les cavaliers démontés et il prodigue les récompenses. Les blessés et tous les trophées transportables partent pour Mojaïsk, le reste est réuni dans le grand hôpital des Enfants trouvés. On y place des chirurgiens français — les blessés russes mêlés aux nôtres seront leur sauvegarde. »

Malgré ces préparatifs, nombre de détails furent oubliés. Ce ne fut par exemple que le 17 octobre que Berthier pensa à faire distribuer des cuirs, pour la cavalerie et les chaussures. Ce major général manqua d'initiative, attendant que les moindres choses lui fussent indiquées par son Empereur.

« Mais, reprend Ségur, il était trop tard. Au milieu de ces préparatifs et dans l'instant où Napoléon passait en revue dans la cour du Kremlin les divisions de Ney, tout à coup le bruit se répand autour de lui que le canon gronde vers Winkowo. — On fut quelque temps sans oser l'en avertir ; les uns par incrédulité, par incertitude et redoutant un premier mouvement d'impatience ; quelques autres par mollesse, hésitant à provoquer un signal terrible, ou par crainte d'être envoyés vérifier cette assertion et de s'exposer à une course fatiguante. — Enfin Duroc se détermine. L'Empereur changea d'abord de visage ; puis il se remit promptement et continua sa revue. Mais un aide de camp, le jeune Béranger, accourt. Il annonce que la première ligne de Murat a été surprise et culbutée ; sa gauche tournée à la faveur des bois ; son flanc attaqué, sa retraite coupée ; que douze canons, vingt caissons, trente fourgons sont pris, deux généraux tués, trois ou quatre mille hommes perdus, et le bagage ; qu'enfin le roi est blessé. Il n'a pu arracher à l'ennemi les restes de son avant-garde que par des charges multipliées sur les troupes nombreuses qui déjà occupaient derrière lui le grand chemin, sa seule retraite.....

» Pour Murat, il n'a plus d'avant-garde ; à l'armistice, il avait perdu la moitié des restes de sa cavalerie ; ce combat l'a achevée, ses débris exténués de faim pourraient à peine fournir une charge ; et voilà la guerre recommencée ! »

C'était le 18 octobre.

« A cette nouvelle, Napoléon retrouve le feu de ses premières années. Mille ordres d'ensemble et de détail, tous différents, tous d'accord, tous nécessaires, jaillissent à la fois de son génie impétueux ! La nuit n'est point encore venue et déjà toute son armée est en mouvement..... »

L'Empereur lui-même, avant que le jour du 19 octobre l'éclaire, sort de Moscou. Il s'écrie : « Marchons sur Kalouga ; et malheur à ceux qui se trouveront sur mon passage.»

« C'était par la vieille route de Kalouga que Napoléon sortit de Moscou, le 19 octobre, en annonçant à ses officiers qu'il allait regagner les frontières de la Pologne par Kalouga, Medyn, Inknow,

Elnia et Smolensk. — L'un d'eux, Rapp, fit observer : « qu'il était tard et que l'hiver pourrait nous atteindre en chemin ».

L'Empereur répondit : « qu'il avait dû laisser aux soldats le temps de se refaire, et aux blessés rassemblés dans Moscou, Mojaïsk et au monastère de Kolotskoyë celui de s'écouler vers Smolensk ». Puis, montrant un ciel toujours pur, il leur demanda : « si dans ce soleil brillant ils ne reconnaissent pas son Etoile ! » — Mais cet appel à sa fortune et l'expression sinistre de ses traits démentaient la sécurité qu'il affectait. »

Napoléon était de plus en plus impénétrable et ses favoris mêmes pouvaient à peine distinguer une lueur de vérité. Les rapports sur le combat d'avant-garde dont j'ai parlé furent dénaturés. En réalité, ce fut la célèbre bataille de Taroutino, qui commença la série des désastres français. Une aigle était restée au pouvoir des Russes avec trente-huit canons et tous les bagages des cinquante mille hommes qui furent engagés. Toute l'avant-garde serait tombée aux mains de Kutusoff, si, lui, qui n'approuvait pas cette attaque risquée par Benningsen, n'eût refusé tout soutien à ce dernier. Il voulait maintenir Napoléon à Moscou et aux environs jusqu'à l'hiver. — Peut-être son opinion était-elle la plus juste; il n'en est pas moins impardonnable d'avoir refusé tout secours à Benningsen au plus fort de la bataille, alors que les Français avaient perdu la tête. C'est donc à Kutusoff, que ce jour-là l'armée française dut son salut, bien qu'il lui eût encore coûté cher.

Toutefois, dans son Bulletin, Napoléon parle seulement des troupes de Cosaques qui viennent harceler la cavelerie.

« L'avant-garde, cantonnée à Winkowo, a été attaquée à l'improviste ; les Cosaques sont arrivés avant que nos soldats eussent eu le temps de monter à cheval. Ils se sont emparés des bagages du général Sebastiani, soit d'une centaine de voitures et ont fait plus de cent prisonniers. Le roi de Naples, apercevant une colonne d'infanterie légère russe, forte de quatre bataillons, envoyée pour soutenir les Cosaques, la chargea avec ses cuirassiers et ses carabiniers et la tailla en pièces. Le général Desy, aide de camp du roi, brave officier, a été tué dans cette échauffourée. Tout l'honneur revient aux carabiniers. »

Dès que l'Empereur fut convaincu, par les rapports, de l'inertie de Kutusoff, il pressa sa marche sur la vieille route de Kalouga. — On ne peut s'empêcher de sourire en lisant dans l'*Histoire du Consulat et de l'Empire* l'approbation donnée à ce plan de Napoléon, de la dernière naïveté s'il avait pu le former réellement : Aller passer l'hiver avec l'armée à Kalouga, dans un climat modéré, en conservant ses communications avec Smolensk et avec Moscou ! Napoléon eût conservé le Kremlin sous la garde du maréchal Mortier avec quatre mille hommes d'infanterie qui se seraient augmentés des blessés et des malades abandonnés au fur et mesure de leur guérison et même des traînards jusqu'à former un corps de dix mille hommes !

Il est à croire que l'Empereur ne parlait de son intention de livrer bataille à Kutusoff et de frayer à ses soldats le chemin de quartiers d'hiver plus au Sud, que pour relever le moral de ses officiers et détourner l'attention de l'Europe. Ses troupes, chargées de butin, pouvaient encore se battre pour le défendre, mais elles ne pouvaient plus attaquer et vaincre.

L'armée française en retraite formait une longue traînée de 150.000 combattants et 50.000 chevaux : 100.000 hommes sous les armes, 550 canons et 2.000 voitures d'artillerie marchaient en tête et rappelaient encore les guerriers qui avaient conquis l'Europe. Le reste ressemblait à une horde tartare revenant d'une heureuse invasion.

J'ai raconté ailleurs, d'après nombre de témoignages oculaires russes et français, l'aspect de ce fleuve humain, roulant presque sans interruption. Je veux envisager ici le personnage de l'Empereur.

Malgré la largeur des routes russes et les cris de son escorte, Napoléon, dès le début, eut peine à se frayer un passage à travers la cohue. On ne faisait plus grand attention à lui. On devait même lui être devenu hostile : « En voyant passer Napoléon, dit le commandant Labaume, je ne pus regarder sans frémir le chef d'une expédition barbare qui, pour se dérober aux justes cris de l'indignation publique, recherchait pour son passage les lieux les plus ténébreux. »

Ce fut de Fominskœ, où il venait d'arriver, qu'il entendit la formidable explosion du Kremlin. Il crut tout détruit et s'en fit gloire dans ses Bulletins. Au fond, les dommages causés à la place par l'attentat de Mortier furent de peu d'importance.

Lorsqu'il eut avancé plusieurs heures dans la direction qu'il avait choisie, vers midi, se trouvant à la hauteur de Krasnopachra, il fit soudain conversion à droite avec son armée et gagna en trois marches, à travers champs, la nouvelle route de Kalouga, ayant masqué son mouvement au moyen du corps de Ney et des débris de la cavalerie de Murat. Une dernière lettre de Berthier à Kutusoff, datée du jour du départ de Moscou fut plutôt une ruse de guerre qu'une nouvelle tentative de négociation.

Elle manqua réussir. — Un partisan russe, Figner, qui avait surpris le mouvement, en informa Kutusoff, campé à Létaschowo. Immédiatement le feld-maréchal, marchant parallèlement, suivit dans la direction de Kalovga.

Toutefois l'avant-garde de l'armée française occupa la ville de Malo-Iaroslavetz ; les premiers obstacles paraissaient heureusement surmontés.

Napoléon déjennait en plein champ, avec Murat, Berthier et le général Lariboisière, quand il perçut le bruit du canon. — On se battait. — Sans doute à

Malo-Iaroslavetz! Il sauta à cheval et partit au galop dans la direction de la ville. Il crie à l'aide de camp du prince Eugène qui vient lui faire part de l'engagement : « Retournez auprès du vice-roi et dites-lui : Le vin est tiré, il faut le boire. » Et il envoie Davout au secours de son beau-fils.

La lutte fut héroïque et sanglante : Malo-Iaroslavetz fut prise et reprise onze fois. Elle fut ruinée : les rues ne se reconnaissaient qu'à de longs amas de cadavres. Les maisons brûlées ne formaient que des tas de décombres où achevaient de se carboniser des corps d'hommes. Quand l'Empereur arriva sur le champ de bataille, il put voir les Russes construire une redoute sur la position où ils s'étaient réfugiés derrière la ville. L'opinion générale des Français était que Kutusoff ne reculerait point et qu'il allait falloir accepter la bataille, les ventres et les gibernes vides.

D'après Fezensac : « Dans le brillant combat de Malo-Iaroslavetz, l'avantage demeura aux Français, malgré l'infériorité du nombre; mais Kutusow avait pris à six lieues en arrière une position défendue par des redoutes; déjà une de ses divisions cherchait à déborder notre droite par la route de Medyn. Il fallait donc livrer bataille ou se retirer. La situation était grave, l'instant décisif. Le maréchal Bessières et d'autres généraux furent d'avis de la retraite. Ce n'est point qu'ils doutassent de la victoire, mais ils redoutaient les pertes que causerait le combat, la désorganisation qui en serait la suite.

Les chevaux de la cavalerie et de l'artillerie étaient affaiblis par la fatigue et la mauvaise nourriture. Comment remplacer ceux que nous allons perdre? Comment transporter l'artillerie, les munitions, les blessés? Dans cette situation une marche sur Kalouga était bien téméraire et la prudence conseillait de se retirer sur Smolensk par Mojaïsk. Napoléon hésita longtemps, il passa toute la journée du 25 à étudier le champ de bataille et à discuter avec les généraux. Enfin, il se décida pour la retraite. »

« L'Empereur, dit Gourgaud, après avoir discuté un moment s'approcha du comte Lobau et lui dit : « Et vous, Mouton, quelle est votre opinion? »
— « Sire, mon opinion est de se retirer sur le Nié-
» men, par la route la plus courte, par Mojaïsk et
» le plus promptement possible. » Ce qu'il répéta à plusieurs reprises. »

« Si Napoléon, conclut Fain, avait réussi à prévenir les Russes sur Kalouga, il aurait obtenu l'immense avantage de rétablir ses communications avec Smolensk par Inknow et Viazma et avec Mohilew. Et quand même les événements de la campagne l'eussent obligé de se retirer derrière le Dniéper, cette retraite, exécutée à travers les pays fertiles et non dévastés, aurait pu s'effectuer sans de grands désastres. »

Dans les Bulletins qui rendaient compte de la bataille de Malo-Iaroslavetz, l'Empereur déguisa encore la vérité. — Dans ces rapports à la France et à l'Europe il y avait seulement quelques mots de vrai, perdus au milieu de détails vraisemblables, mais absolument controuvés.....

Napoléon marchait rapidement, mais il avait beau presser Davout et lui reprocher le retard de l'arrière-garde, ce dernier s'obstinait à manœuvrer contre les Cosaques de Platow. — C'était l'ataman qui s'était chargé de harceler la queue de la colonne et, si l'on en croit ses rapports, jamais déroute n'avait été plus complète (1).

Cependant l'armée avait dépassé Mojaïsk et longé de nouveau le champ de bataille de Borodino.

« Environ trente mille cadavres, dit Constant, avaient été laissés dans ces vastes plaines. A notre approche, des nuées de corbeaux qu'une aussi abondante pâture avaient attirés, s'envolèrent bien loin de nous, avec d'horribles croassements. — Ces corps de tant de braves gens avaient un aspect dégoûtant, étant à demi rongés et exhalant une odeur que le froid, déjà assez vif, ne pouvait neutraliser. L'Empereur fit hâter le pas..... »

Il se présenta quelques épisodes à signaler. Je laisse parler Ségur :

« La colonne impériale approcha de Gjastsk, surprise de trouver sur son passage des Russes tués

---

(1) A Mojaïsk, au retour de l'Empereur, toutes les maisons furent trouvées remplies de blessés et de morts, dont quelques-uns s'étaient rongés les bras de faim. On reconnut un capitaine du 30e de ligne dont les poignets étaient ainsi mis à nu et encore pris entre les dents du malheureux.

tout nouvellement. — On remarquait que chacun d'eux avait la tête brisée de la même façon et que sa cervelle sanglante était répandue près de lui. On savait que deux mille prisonniers russes marchaient devant et que c'étaient des Espagnols, des Polonais et des Portugais qui les conduisaient. Chacun, suivant son caractère, s'indignait, approuvait ou restait indifférent. Autour de l'Empereur, ces différentes impressions restaient muettes. — Caulaincourt éclata, il s'écria : « Que c'était une » atroce cruauté ! Voilà donc la civilisation que » nous apportons en Russie ! Quel serait sur l'en- » nemi l'effet de cette barbarie ? Ne lui laissions- » nous pas nos blessés, une foule de prisonniers ? » Lui manquerait-il de quoi exécuter d'horribles » représailles ? »

» Napoléon garda un sombre silence, mais le lendemain, ces meurtres avaient cessé. On se contenta de laisser ces malheureux mourir de faim dans les enceintes où pendant la nuit on les parquait, comme des bêtes..... »

Ce fait est confirmé par de nombreux témoins oculaires : Fezensac, Labaume, A. F. de B. « Une colonne de prisonniers russes, dit le premier, marchait en avant de nous, conduite par des troupes de la Confédération du Rhin. On leur distribuait à peine un peu de chair de cheval et les soldats chargés de les conduire, massacraient ceux qui ne pouvaient plus marcher. Nous rencontrions sur la route leurs cadavres, qui tous avaient la tête fracassée. »

Voici Labaume : « Durant la marche, n'ayant rien à donner aux trente mille prisonniers de Moscou, on les parquait comme des bestiaux ; là, sous aucun prétexte, ils ne pouvaient s'éloigner de l'étroite enceinte qu'on leur avait assignée. Sans feu et mourant de froid, ils couchaient sur la glace ; et pour assouvir leur faim dévorante, tous ceux qui ne voulurent pas périr mangèrent la chair de leurs camarades, qui venaient d'expirer à force de misère..... »

Enfin M. de B. : « Ma plume se refuse à révéler la conduite que l'on tint pendant la retraite envers les prisonniers russes : atrocité que l'on cherchera en vain à excuser par les lois impérieuses de la nécessité et la position extraordinaire dans laquelle se trouvait l'armée française..... »

« Les grenadiers de Baden, nous raconte l'auteur allemand Roos, ont reçu l'ordre de fusiller immédiatement les prisonniers russes qui, par faiblesse, ne pourraient plus marcher. Deux de ces Grenadiers m'ont dit que l'ordre venait de Napoléon lui-même. »

Un officier russe, Perowsky, plus tard comte Perowsky, qui avait été fait prisonnier au mépris du droit des gens et qui eût sans doute été fusillé aussi, s'il n'eût été délivré par un détachement de partisans, sous les ordres de Tchernischeff, donne le détail suivant de ces exécutions : « Un coup de fusil retentit à quelques pas derrière nous. Je n'y fis d'abord aucune attention. Mais un sous-officier

vint dire à l'officier qu'il avait fini un des prisonniers. — Je ne voulais pas en croire mes oreilles,
et je m'adressai aussi à l'officier le priant de m'ex-
pliquer les raisons de ce meurtre. « J'ai reçu l'ordre
» écrit, me répondit-il poliment, de faire fusiller les
» prisonniers qui, épuisés de fatigue ou pour toute
» autre raison, ne peuvent suivre la colonne à moins
» de cinquante pas. Les soldats de l'escorte le savent
» une fois pour toutes..... » — Six à sept hommes
furent ainsi fusillé pendant la journée, entre autres
un fonctionnaire civil. — Il y eut quelquefois jusqu'à quinze hommes tués par jour. Il m'est arrivé
de voir tomber de fatigue un vétéran : Le soldat
qui devait le fusiller, le coucha en joue à trois
reprises et, le fusil ayant raté chaque fois, il alla
chercher un camarade dont le fusil fût plus en
ordre. Les prisonniers n'ignoraient pas quel sort
les attendait. A la vue d'une église, ils réunissaient
tous leurs efforts pour s'y traîner ; ils s'agenouil-
laient sur le parvis, priaient et recevaient le coup
de grâce. »

Il faut remarquer que ces prisonniers étaient,
pour la plupart, de simples bourgeois et paysans.

« Le temps, dit Ségur, n'avait pas été appelé
aux conseils de l'Empereur ; il parut s'en venger.
L'hiver était si près de nous qu'il n'avait fallu qu'un
coup de vent de quelques minutes pour l'amener,
âpre, mordant, dominateur ! On sentait aussitôt,
qu'en ce pays il était indigène, et nous étrangers.
Tout changea : les chemins, les figures, les cou-

rages. — L'armée devint morne, sa marche pénible, la consternation commença….. »

Chambray raconte que « le 31 octobre, Napoléon atteignit Wiazma, où il s'arrêta. — On remarqua qu'il avait voyagé en voiture pour la première fois depuis son départ de Moscou, et qu'il avait pris également pour la première fois un costume polonais qui consistait en un bonnet de peau de martre, une pelisse verte bordée en martre et, garnie de brandebourgs en or, et des bottes fourrées. Il porta ce costume pendant toute la retraite et lorsque le froid fut rigoureux, il voyagea ordinairement en voiture.

» L'infanterie de la vieille Garde continuait à bivouaquer en carré autour de son quartier général, qu'il établissait, autant que possible, dans une maison, car il en existait encore quelques-unes, surtout dans les lieux d'étape. »

Ordre était donné immédiatement après le séjour de détruire, brûler ou faire sauter tout ce qui restait debout. Les soldats n'y manquaient point et cela ajoutait au désordre, en augmentant parmi les retardataires les pertes en hommes et en chevaux. Dans le XVIII<sup>e</sup> Bulletin, Napoléon avoue ces pertes : « Les chemins sont devenus très glissants et très difficiles pour les chevaux de trait. Nous en avons beaucoup perdu par le froid et les fatigues. » Mais un peu plus loin il se reprend à tromper la France. Ainsi l'affaire de Viazma avait été très malheureuse pour les Français — voici la vcrsion de l'Empereur : « Le 2 novembre, à deux heures après-midi, 12.000 hommes d'infanterie russe, couverts par une nuée de Cosaques, coupèrent la route, à une lieue de Viazma, entre le prince d'Eckmühl et le vice-roi. — Le prince et le vice-roi firent marcher sur cette colonne, la chassèrent du chemin, la culbutèrent dans les bois, lui prirent un général-major avec bon nombre de prisonniers et lui enlevèrent six pièces de canon. Depuis on n'a plus vu l'infanterie russe, mais seulement des Cosaques. »

C'est Miloradowitch qui eût pu, avec droit, écrire les lignes précédentes, en renversant les rôles et en augmentant les chiffres.

— On approchait de Smolensk : au cours du trajet, Napoléon apprit par un courrier de France, le premier qui arrivât depuis huit jours, la conspiration de Malet. — J'ai parlé ailleurs de son trouble. — Sa colère ne se fit jour qu'après, au bivouac. Elle fut vive, mais moins terrible encore que celle qu'il fit éclater à Smolensk, quand il n'y trouva rien de préparé pour que l'armée pût s'y reposer et s'y refaire en vivres et en munitions.

« Lorsque l'Empereur, dit Constant, apprit à Smolensk que l'armée manquait de viande et de fourrage..... il s'emporta jusqu'à la fureur ! Jamais je ne le vis sortir si violemment de son caractère. Il manda le munitionnaire qui avait été chargé des approvisionnements..... J'entendais les cris d'une chambre voisine ; j'ai su depuis que le munitionnaire s'était jeté aux genoux de Sa Majesté pour obtenir sa grâce. »

Devant cette incurie, le désespoir des soldats acheva leur démoralisation. Les magasins furent envahis et pillés, au grand détriment des corps d'arrière-garde.

Loin de pouvoir se reposer, il fallait reprendre la terrible marche. — Pour donner à sa fuite l'apparence d'une retraite honorable, l'Empereur ordonna de faire sauter les vieilles tours des murailles de Smolensk, ne voulant pas, laissait-il entendre, être arrêté au retour, par des ouvrages si solidement construits.

Avant Smolensk, il voyageait assez souvent en voiture, avec Murat, chaudement enveloppés. Il courait ainsi moins le risque d'être insulté par des hommes que l'excès du malheur portait aux dernières extrémités, et il n'avait plus constamment devant les yeux les scènes de désespoir dont ses malheureux soldats, mourant de faim, étaient les tristes héros. — Cependant il fallait prendre de l'exercice, et Constant nous révèle que « dans la retraite de Moscou, l'Empereur marchait à pied, enveloppé de sa pelisse et la tête couverte d'un bonnet russe qui nouait sous le menton (1) ».

C'est dans cet équipage que l'avaient rencontré Chambray et Labaume : « Napoléon était alors à

---

(1) Un témoin oculaire constata à ce moment que l'embonpoint de l'Empereur n'avait pas diminué.

pied sur la route, dit le premier, entre Krasnoë et Katowo. Il portait le costume polonais et tenait à la main un bâton de bouleau, sans doute pour se soutenir, la route étant très glissante. Berthier l'accompagnait, mis de la même manière, portant également un bâton de bouleau ; une partie de l'état-major les suivait à pied. »

« Le jour où nous arrivâmes à Doubrowna, dit le second, il avait fait à pied une grande partie du chemin et c'est pendant la marche qu'il put aisément se convaincre dans quel état misérable était l'armée. — Nous touchions au dernier degré de misère, et du pain !... du pain !... voilà quel était le cri des faibles restes de la plus puissante des armées. »

Déjà les trophées emportés de Moscou jonchaient les routes ou avaient été jetés, par ordre de l'Empereur, dans le Dniéper et le lac Semlewo, avec quantité d'armes et de canons. Cependant la croix d'Ivan-Veliki, suivait encore. Il fallait à tout prix qu'elle parvînt à Paris ! — Et pourtant quel désarroi !

« Tous les corps de l'armée étaient dissous, dit René Bourgeois. Il s'était formé de leurs débris une multitude de petites corporations, composées de huit ou dix individus, qui s'étaient réunis pour marcher ensemble et chez lesquels toutes les ressources étaient en commun. Chacune de ces coteries avait un « cogna » (cheval russe) pour porter ses bagages, l'attirail de la cuisine et les provisions, ou chacun des membres était muni d'un bissac à cet effet..... Toutes ces petites communautés avaient un mode d'existence isolé et repoussaient de leur sein tout ce qui ne faisait pas partie d'elles-mêmes. — Tous les membres de la famille marchaient serrés les uns contre les autres et prenaient le plus grand soin de ne pas se diviser au milieu de la foule ; malheur à qui avait perdu sa coterie, il ne trouvait en aucun lieu personne qui prît à lui le moindre intérêt et qui lui donnât le plus léger secours. — Partout il était maltraité et poursuivi durement. On le chassait sans pitié de tous les feux auxquels il n'avait point de droit et de tous les endroits où il voulait se réfugier : il ne cessait d'être assailli que lorsqu'il était parvenu à rejoindre les siens. »

Les bivouacs de l'état-major général ne présentaient pas un spectacle plus brillant : le même René Bourgeois dit qu'un jour on fit à Napoléon la grâce de lui laisser fermer le grenier de la maison qu'il habitait et qu'on n'en emporta que le faîte. Et Fain : « Une nuit, le quartier général vint s'établir à Zaniwsky dans une cabane de bois qui avait deux chambres, celle du fond est réservée pour l'Empereur, et la première est aussitôt remplie par sa suite. — On s'y couche pêle-mêle, les uns par-dessus les autres, entassés comme un troupeau dans la plus étroite bergerie..... »

Jusqu'au combat de Krasnoë, Miloradowitch avait fait en réalité quarante mille prisonniers, pris vingt-cinq généraux et près de cinq cents pièces de canon, une trentaine de drapeaux, tous les bagages et les trophées qu'on n'avait pas eu le temps de détruire.

La misère des prisonniers français entre les mains des Russes fut terrible. Fezensac raconte qu'un officier de l'avant-garde russe, témoin de toutes les horreurs de la retraite, en a fait un tableau après lequel il n'y a rien à ajouter : « La route que nous parcourions, dit-il, était couverte de prisonniers que nous ne surveillions plus et qui étaient livrés à des souffrances inconnues jusqu'alors ; plusieurs se traînaient encore machinalement le long de la route avec leurs pieds nus et à demi gelés ; les uns avaient perdu la parole ; d'autres étaient tombés dans une sorte de stupidité sauvage et voulaient, malgré nous, faire rôtir des cadavres pour les dévorer. Ceux qui étaient trop faibles pour aller chercher du bois, s'arrêtaient auprès du premier feu qu'ils trouvaient ; là, s'asseyant les uns sur les autres, ils se tenaient serrés autour de ce feu dont la faible chaleur les soutenait encore, et le peu de vie qui leur restait, s'éteignait en même temps que lui. »

Il fallait donc que l'armée russe fût aussi bien exténuée, et en effet Fain dit « que l'on n'aurait pu exiger d'elle des marches forcées sans l'exposer à une ruine certaine. — Elle avait déjà laissé en arrière près de la moitié de son monde, et ne présentait plus qu'un total de 45.000 hommes. »

« L'armée française, dit Labaume, était réduite à trente mille hommes, parmi lesquels on comprenait la Garde impériale ; il n'y avait pas plus de huit mille combattants. »

Et Duverger dit à son tour : « La Grande Armée de Moscou n'était plus que l'ombre d'elle-même : La Garde impériale, seule, réduite à neuf ou dix mille hommes, avait conservé ses armes et quelques habitudes de discipline..... »

Cette vertu militaire était bien oubliée dans ces instants. Montigny dans ses souvenirs anecdotiques d'un officier de la Grande Armée, raconte le trait suivant qui se passa entre Smolensk et Krasnoë : « Le maréchal Davout marchait en tête des débris de son corps d'armée. Un officier général, aujourd'hui membre de la Chambre des députés, s'approcha de lui pour lui rendre compte d'une mission qu'il venait de remplir.

« Ce n'est pas tout, lui dit le maréchal après » l'avoir entendu ; vous allez retourner en arrière. » — Ici, le général interrompant le maréchal : « Avec » votre permission, je ne retournerai pas en arrière. » — « Comment ? » — « Je commande une brigade, et » ma place est à sa tête. » — « Je vous ordonne » d'obéir. » — « Je n'en ferai rien..... Non, monsieur » le maréchal. » Davout, en fureur, fait avancer une compagnie de sapeurs du génie, demande l'épée du récalcitrant général, la brise sur son genou et en jette les morceaux loin de lui ; puis il ordonne aux sapeurs de s'emparer de l'officier général qui marcha toute la nuit entre une double haie de soldats. »

Ainsi tous les jours l'Empereur voyait passer devant ses yeux cette masse incroyable de fugitifs et d'hommes désorganisés qui ne pouvaient être considérés désormais que comme inutiles et hors d'état de se défendre. — Malgré le calme qu'il s'efforçait de faire paraître sur son visage, il devait être livré à de bien cruelles réflexions. (René Bourgeois.)

En somme Napoléon paraissait perdu : il fut sauvé non seulement par son prestige mais encore par Kutusoff et surtout Tchitchagoff.

« Lorsque le général (Kutusoff), dit Boutourline, apprit que Napoléon se trouvait encore à Krasnoë avec la totalité de son armée, à l'exception du corps de Ney, il craignit de se placer sur la ligne de retraite d'un ennemi dont le désespoir aurait doublé les forces et il retarda le départ du général Tormassoff, afin de laisser le passage libre à une partie des troupes de Napoléon et de ne se présenter au delà de Krasnoë que pour couper le corps de Davout; ce qui devait donner aux Russes une victoire à la vérité moins éclatante, mais plus sûre et surtout moins chèrement achetée. »

Ce jour de Krasnoë pourtant l'événement sembla leur donner raison : après toute une série de fautes provenant de son indécision et de son inertie, l'Empereur retrouve son génie et son intrépidité.

« Lorsqu'il sort de Krasnoë, dit Fain, il est à pied, à la tête de sa Garde, ayant autour de lui ses officiers et ses principaux serviteurs. On défile ainsi, pendant un quart d'heure, sous le canon des Russes. Napoléon avait réglé d'abord que le prince d'Eckmühl essaierait de tenir ferme; mais la retraite, un moment contenue, se précipite dans un mouvement général qui entraîne tout. Davout, poussé hors de Krasnoë, ne dégage qu'à grand' peine ses derniers pelotons des mains des Cosaques.»

Ségur est plus explicite et nous peint mieux l'affaire :

« Le 17, avant le jour, Napoléon envoie ses ordres; il s'arme, il sort et lui-même, à pied, à la tête de sa vieille Garde, il la met en mouvement.

— Mais ce n'est point vers la Pologne, son alliée, qu'il marche, ni vers cette France où se retrouve-rait encore le chef d'une dynastie naissante et l'Empereur de l'Occident. Il a dit en saisissant son épée :

« J'ai assez fait l'empereur, il est temps que je fasse le général. »

Il le fit si bien qu'il arrêta l'effort des Russes jusqu'à ce qu'enfin « Davout parut au travers d'un nuage de Cosaques qu'il dissipait en marchant précipitamment. A la vue de Krasnoë les troupes de ce maréchal se débandèrent et coururent à tra-vers champs pour dépasser la droite de la ligne ennemie par derrière laquelle elles arrivaient.....

» Le premier corps était sauvé, mais on apprenait en même temps que notre avant-garde ne pouvait plus se défendre dans Krasnoë; que Ney était peut-être encore dans Smolensk et qu'il fallait renoncer à l'attendre.

» Pourtant Napoléon hésitait, il ne pouvait se résoudre à ce grand sacrifice..... Enfin il s'éloigne lentement du champ de bataille, traverse Krasnoë où il s'arrête encore et se fait ensuite jour jusqu'à Lyadi. »

La retraite recommença plus âpre.

Les traînards à Krasnoë frappaient aux portes des maisons et malgré leur « Pardon! est-ce qu'on ne reçoit pas ceux qui se rendent? » on les repoussait et ils allaient, non par dizaines, mais par centaines, mourir plus loin, sur la grande route aux trois rangées de bouleaux couverts de givre. — Il y eut des cas d'anthropophagie! — Beaucoup refusaient le pain qu'on leur donnait, suppliant qu'on les tuât.

La désaffection contre l'Empereur était partout. Ses plus dévoués serviteurs le constatent. C'est ainsi que Constant parle des maréchaux et en particulier de Davout : « Le maréchal était exténué; il n'avait ni linge ni pain; le besoin et les fatigues de toutes sortes lui avaient horriblement maigri le visage; toute sa personne faisait pitié. Ce brave maréchal, qui vingt fois avait échappé aux boulets russes, se voyait mourir de faim. Un de ses soldats lui présenta un pain; il se jeta dessus et le dévora. Aussi était-il celui de tous qui se contint le moins; en essuyant sa moustache où le givre s'était condensé, il déblatérait avec l'accent de la colère contre le mauvais destin..... »

. On blâmait aussi ouvertement la faute commise d'un autre côté : « Celle, dit Ségur, d'avoir confié la garde des magasins et de la ligne de retraite de toutes ses braves armées à un Autrichien, et de n'avoir point placé à Wilna ou à Minsk un chef militaire et une force qui pût suppléer à l'insuffisance de l'armée autrichienne. La Grande Armée tout entière accusait Schwartzemberg de trahison..... Son chef garda le silence, soit qu'il ne s'attendît pas à plus de zèle de la part d'un allié, soit par politique..... »

« Une foule de plaintes amères, écrit Chambray, s'élevèrent contre Napoléon; on maudissait son ambition, que rien ne pouvait assouvir, son orgueil, qui l'avait fait pénétrer en Moscovie contre toutes les règles de l'art, et l'avait aveuglé au point de le retenir trente-quatre jours au milieu des cendres de Moscou. »

« L'Empereur, reprend Ségur, tenta vainement d'arrêter ce découragement. Seul, on l'entendit gémir sur les souffrances de ses soldats; mais au dehors, sur cela même, il voulait paraître inflexible. Il fit donc proclamer : « Que chacun eût à rentrer » dans les rangs; que, sinon, il ferait arracher aux » chefs leurs grades et aux soldats leur vie! » Cette menace ne produisit ni bon, ni mauvais effet sur des hommes craignant moins la mort dont on les menaçait, que la vie, telle qu'on la leur offrait. »

Il donnait pourtant le signal des sacrifices, même de ceux qui devaient le plus coûter à son orgueil.

« A Orcha, poursuit Ségur, on vit l'Empereur brûler de ses propres mains tous ceux de ses effets qui pourraient servir de trophées à l'ennemi, s'il succombait. Là furent malheureusement consumés tous les papiers qu'il avait rassemblés pour écrire l'histoire de sa vie; car tel était son projet quand il partit pour cette funeste guerre. Il était alors déterminé à s'arrêter vainqueur et menaçant sur cette Dwina et ce Borysthène, qu'aujourd'hui il revoyait fuyant et désarmé! Alors l'ennui de six mois d'hiver, qui l'auraient retenu sur ces fleuves, lui paraissait son plus grand ennemi, et, pour le combattre, cet autre César y eût dicté ses Commentaires.

» Maintenant, toutes les illusions de Napoléon étaient détruites! »

On avait bien dit que la ville de Minsk était occupée par Tchitchagoff, mais Napoléon n'attacha pas d'importance à ces rumeurs; il comptait passer la Bérézina au pont de Borisoff, où il avait laissé, dans une position fortifiée, un régiment polonais. Il était tellement assuré de passer, que les équipages de pont venaient d'être brûlés à Orcha.

Je transcris maintenant le récit d'un officier de la jeune Garde : « Le 24 novembre, nous suivions le grand chemin qui conduit à Borisow; nous pouvions être à environ six lieues de cette ville. Bonaparte marchant comme nous, le bâton à la main, couvert d'une pelisse et d'un bonnet fourrés, n'était qu'à quelques pas de moi, au milieu de la route, ayant le prince de Neufchâtel en avant de lui. Il régnait un grand silence et plus de tristesse qu'à l'ordinaire, lorsque nous vimes venir un officier au-devant de nous. C'était M. le colonel de F., attaché à l'état-major général. Il s'arrêta devant le prince et lui fit un rapport dont je ne pus entendre que les mots de Bérézina et de Russes.

— Tout le monde s'était arrêté en même temps que Bonaparte, qui était resté fixé à six pas à peu près du major général et du colonel. Je m'avançai un peu de côté, pour tâcher d'en savoir davantage et afin d'observer les figures. J'entends alors Bonaparte faire cette question : — « Qu'est-ce qu'il » dit, celui-là ? » — et la répéter coup sur coup et d'un ton irrité. Le prince ordonna au colonel de répéter son rapport à Bonaparte. Il me semble encore l'entendre.

» M. de F. dit : « M. le maréchal m'a chargé de » vous rendre compte que l'armée russe de Moldavie » est arrivée sur la Bérézina et qu'elle s'est emparée de tous les passages. » — Bonaparte : « Ce n'est » pas vrai ! ce n'est pas vrai ! Ce n'est pas vrai ! » — De F. : « Que deux divisions ennemies se sont empa- » rées du pont et occupent déjà la rive gauche de la » rivière qui n'est pas assez gelée pour qu'on puisse » la passer sur la glace. » — Bonaparte avec colère :

« Vous mentez, vous mentez, ce n'est pas vrai ! »
M. de F. avec sang-froid, et élevant un peu le ton :
« Je n'ai pas été chargé d'aller reconnaître les
» positions de l'ennemi ; M. le maréchal m'a envoyé
» pour faire un rapport, je remplis ma mission. »

» Voyant Bonaparte remuer son bâton, je crus
qu'il allait en frapper le colonel, mais au même
moment, il se pencha en arrière, les jambes
écartées, le bras gauche appuyé sur sa canne,
grinçant des dents, le regard étincelant de fureur
et, fixant le ciel, il éleva le bras droit comme pour
le menacer. — Il lui échappa un cri de rage, alors
il redoubla son geste menaçant contre le ciel et
l'apostropha avec une expression aussi courte
qu'énergique.

» Ce mot seul était un horrible blasphème. — Je
puis vous assurer que de ma vie je n'ai vu une
figure plus effrayante que la sienne, dans cet
instant. — Il avait tout à fait oublié le soin qu'il
avait mis jusque là à composer son visage devant
nous et à nous montrer par intervalles une gaieté
simulée, dont cependant personne n'était la dupe.
Nos regards observateurs avaient suivi tous ses
mouvements ; nous étions tellement stupéfaits que
ce fut lui qui fut obligé de nous tirer de notre im-
mobilité, en ordonnant de continuer la marche. »

« En effet, dit Ségur, tout ce que Napoléon pouvait prévoir de malheurs était arrivé : Aussi la
triste conformité de sa situation avec celle de
Charles XII, le conquérant suédois, le jeta-t-elle

dans une si grande contention d'esprit que sa santé
en fut ébranlée plus encore qu'à Malo-Iaroslavetz.
Dans les paroles qu'alors il laissa entendre, on remarqua ces mots : « voilà donc ce qui arrive quand
» on entasse fautes sur fautes !.... »

L'attitude de Napoléon frappait tous ceux qui le
voyaient.

Ecoutons encore un témoin oculaire, à qui il
venait d'adresser la parole sur les bords de la Bérézina : « Napoléon, dit le lieutenant-colonel Louis
Begos, du 2ᵉ régiment suisse, n'était plus le grand
Empereur que j'avais vu aux Tuileries; il avait
l'air fatigué et inquiet. Il me semble encore le voir,
avec sa fameuse redingote grise.

» Il nous quitta au galop, parcourut tout le
2ᵉ corps d'Oudinot. Je le suivais des yeux, quand
je le vis s'arrêter devant le 1ᵉʳ régiment suisse qui
se trouvait dans notre brigade. Mon ami le capitaine Rey fut à même de le contempler tout à son
aise. Comme moi, il fut frappé de l'inquiétude de
son regard. En descendant de cheval il s'était
appuyé contre des poutres et des planches qui
devaient servir à la construction du pont. Il
baissait la tête pour la relever ensuite d'un air de
préoccupation et d'impatience; et s'adressant au
général du génie Eblé :

— « C'est bien long, général, c'est bien
long! »

— « Sire, vous le voyez, mes hommes sont dans
l'eau jusqu'au cou — les glaçons interrompent leur

15

travail ; je n'ai pas de vivres et d'eau-de-vie pour les réchauffer. »

— « Assez ! assez ! répondit l'Empereur, il se mit de nouveau à regarder la terre..... »

La nuit de ce jour, Napoléon eut avec deux de ses meilleurs fidèles un entretien fortuit dont Ségur nous a conservé les lignes :

« La nuit s'avançait ; Napoléon était couché ; Duroc et Daru encore dans sa chambre se livraient, à voix basse, aux plus sinistres conjectures, croyant leur chef endormi ; mais lui les écoutait et le mot de *prisonnier d'Etat* venant à frapper son oreille : — « Comment ! s'écria-t-il, vous croyez qu'ils l'oseraient ? » — Daru, d'abord surpris, répondit bientôt : « Que si l'on était forcé de se rendre, il faudrait s'attendre à tout ; qu'il ne se fiait pas à la générosité d'un ennemi ; qu'on savait assez que la grande politique se croyait elle-même la morale et ne suivait aucune loi ». — « Mais la France ? reprit l'Empereur, et que dirait la France ? » — « Oh, pour la France, continua Daru, on peut faire sur elle mille conjectures plus ou moins fâcheuses, mais nul de nous ne peut savoir ce qui s'y passerait ! » et alors il ajoute « que pour les premiers officiers de l'Empereur, comme pour l'Empereur lui-même, le plus heureux serait que par les airs, ou autrement, puisque la terre était fermée, il pût gagner la France, d'où il les sauverait plus sûrement qu'en restant au milieu d'eux ! » — « Ainsi donc, je vous embarrasse ? reprit l'Empereur en souriant. — « Oui, Sire. » — « Et vous ne voulez pas être prisonniers d'Etat ? » — Daru répondit sur le même ton « qu'il lui suffirait d'être prisonnier de guerre. » — Sur quoi l'Empereur resta quelque temps dans un profond silence, puis d'un air plus sérieux : « Tous les rapports de mes ministres sont-ils brûlés ? » — « Sire, jusqu'ici vous ne l'avez pas voulu permettre. » — « Eh bien ! allez les détruire, car il faut en convenir, nous sommes dans une triste position ! . ... »

La popularité de l'Empereur semblait bien diminuée. On se disait qu'il ne partageait point les besoins de ses soldats : il avait une bonne voiture, un bon lit pour dormir et buvait tous les jours du vin rouge, comme à Paris. Il est vrai qu'il mangeait du mauvais pain. « Le pain qu'on faisait alors chez l'Empereur, dit l'auteur du *Journal*, était de grains de seigle, à peine broyés et très mal levé ; il avait en outre un goût de moisi tout à fait répugnant, et quoique je mourusse presque toujours de faim, je pouvais à peine me résoudre à en manger ; on disait d'ailleurs qu'il donnait la dysenterie. » Malgré ces plaintes qui s'élevaient de tous côtés contre l'Empereur, désigné comme l'auteur de toutes les calamités, René Bourgeois écrit : « Quoique Napoléon fût à juste titre regardé comme l'auteur de tous nos maux et l'unique cause de notre désastre, sa présence excitait encore l'enthousiasme et il n'est personne qui, dans, l'occasion, ne l'eût couvert de son corps et ne se fût sacrifié pour lui. »

Il n'en marchait pas moins à la tête de son armée ; allant à pied, la plupart du temps ; mais, dit Fain, « autour de l'Empereur le sourire du courtisan est tombé des lèvres qui en avaient le plus l'habitude ; toutes les figures sont défaites. . . . . . »

L'instinct de la conservation primait désormais tout autre sentiment. Jusqu'à la Bérézina, la route avait été semée de sacs d'argent monnayé, de vases de ce métal, de lingots et d'autres objets précieux qu'on jetait pour s'en décharger et qu'il ne prenait à personne envie de recueillir.

L'Empereur tenta un dernier effort pour mettre un peu d'ordre dans cette désorganisation générale. Entre autres mesures, il fit rallier et confier à un seul chef tout ce qui restait de cavalerie ; mais de 35.000 cavaliers qui avaient passé le Niémen, il n'en restait que 1.800 qui possédassent un cheval. On distribua des fusils aux officiers.

Le maréchal Gouvion-Saint-Cyr reçut l'ordre exprès de rejeter les Russes au delà du fleuve. L'ordre fut exécuté, mais on ne savait pas comment les soldats pourraient traverser, sans équipages de pont, et sous le feu de l'ennemi. Cette question dont on ne voyait pas la solution agitait toute l'armée, des chefs aux soldats.

Laissons parler Ségur : « L'espoir de passer entre les armées russes était perdu ; poussé par celle de Kutusoff et de Wittgenstein contre la Bérézina, il fallait traverser cette rivière, en dépit de l'armée de Tchitchagoff qui la bordait.

» Dès le 23, Napoléon s'y prépara comme pour une action désespérée. Et d'abord il se fit apporter les aigles de tous les corps et les brûla..... La cavalerie de l'armée de Moscou était tellement détruite, qu'il ne restait plus à Latour-Maubourg que cent cinquante hommes à cheval. L'empereur rassembla autour de lui tous les officiers encore montés. Il appela cette troupe d'environ cinq cents *maîtres*, son escadron sacré ; Grouchy et Sebastiani en eurent le commandement ; des généraux de division y servirent comme capitaines.

» Napoléon ordonna encore que toutes les voitures inutiles soient brûlées ; qu'aucun officier n'en conserve plus d'une ; qu'on brûle la moitié des fourgons et des voitures de tous les corps, et qu'on en donne les chevaux à l'artillerie de la Garde...

» En même temps il s'enfonçait précipitamment dans cette obscure et immense forêt de Minsk... » C'est là que va nous le faire voir l'auteur du *Journal de la guerre de 1812* :

« Au milieu d'une forêt de sapins très épaisse, il y avait un village brûlé et dont les débris exhalaient encore une lourde fumée. Sur un monticule de cendres, au milieu de ces ruines, on voyait l'Empereur Napoléon qui était couvert d'une pelisse de velours vert, garnie de martre zibeline et fermée par des brandebourgs en or. Il était coiffé d'une toque pareille. Il parlait très vivement avec Murat, dont le costume (toujours extraordinaire) avait la prétention de rappeler celui des anciens paladins, ce qui n'aboutissait le plus souvent qu'à rappeler les écuyers du Cirque-Olympique et ce qui faisait que nos soldats appelaient Murat « le » roi Franconi. » — Le prince Berthier en grand uniforme, était en tiers avec eux..... Entre ce groupe et la noire forêt qui nous euvironnait se distinguaient aussi, dans un nuage de fumée, les restes de l'armée française, où tout le monde était vêtu comme le hasard et la nécessité l'avaient permis..... Le canon s'entendait fortement sur la droite et chacun regardait l'Empereur dont le visage était soucieux et dont l'air était celui d'une inquiétude extrême, accompagnée d'impatience et d'incertitude.....

» Quarante à cinquante mille hommes, femmes et enfants s'écoulaient au travers de ces bois aussi précipitamment que le permettaient leur faiblesse et le verglas qui se reformait.— Le grand écuyer, M. de Caulaincourt, heurté, poussé, pressé sur son cheval, eut une peine extrême à faire traverser les chevaux de l'Empereur pour gagner la Bérézina. »

Cependant dans l'immense désastre, on venait de retrouver l'armée de Victor. « Elle attendait, continue Ségur, le passage de Napoléon. Tout entière encore et toute vive, elle revoyait son Empereur qu'elle recevait avec ces acclamations d'usage, depuis longtemps oubliées.

» Elle ignorait nos désastres : on les avait cachés soigneusement, même à ses chefs. Aussi, quand, au lieu de cette grande colonne, conquérante de Moscou, elle n'aperçut derrière Napoléon qu'une traînée de spectres couverts de lambeaux, de pelisses de femmes, de morceaux de tapis ou de sales manteaux ramassés et troués par les feux, et dont les pieds étaient enveloppés de haillons de toute espèce, elle demeura consternée ! Elle regardait avec effroi défiler ces malheureux soldats décharnés, le visage terreux et hérissé d'une barbe hideuse, sans armes, sans honte, marchant confusément, la tête basse, les yeux fixés vers la terre et en silence, comme un troupeau de captifs !

» Ce qui l'étonnait le plus, c'était la vue de cette quantité de colonels et de généraux épars, isolés, qui ne s'occupaient plus que d'eux-mêmes, ne songeant qu'à sauver ou leurs débris, ou leur personne ; ils marchaient pêle-mêle avec les soldats..... Ceux de Victor et d'Oudinot n'en croyaient pas leurs yeux. »

Aussi l'impression de ce grand désastre ébranla-t-elle, dès le premier jour, la discipline du deuxième et du neuvième corps et bientôt le désordre y commença.

L'armée était pourtant arrivée à Studianka, où le passage avait été décidé. Il fallait tromper les Russes, car la force n'y pouvait rien. Le 24 novembre, trois cents soldats et quelques centaines de traînards reçurent l'ordre de descendre le fleuve jusqu'à Oukolda et d'y ramasser, en faisant le plus de bruit possible, des matériaux pour la construction d'un pont. On ordonna également à ce qui restait de cuirassiers d'occuper en ce même endroit les positions les plus exposées à la vue de l'ennemi. — C'était le point principal du stratagème. En outre, le commandant en chef de l'état-major se fit amener plusieurs Juifs et les interrogea, en affectant le plus grand mystère, sur les gués et les chemins qui conduisaient à Minsk. Ensuite, feignant d'être très satisfait de leurs réponses, il parut convaincu qu'il n'y avait pas de meilleur passage. Il fit semblant de retenir quelques-uns de ces traîtres et fit conduire les autres au delà des avant-postes. Mais pour les amener à divulguer le secret, le général leur fit jurer qu'ils iraient au-devant des Français, au bord de la Bérézina, à Oukolda, pour les mettre au courant des mouvements de l'ennemi.

Pendant qu'on s'efforçait d'attirer Tchitchagoff à gauche, on préparait à Studianka tous les moyens de passage. La présence de la division ennemie de l'autre côté de la rivière ôtait l'espoir de tromper les Russes. A chaque instant l'on s'attendait à voir l'artillerie écraser les soldats français qui travaillaient à la construction du pont. Alors même que l'ennemi eût attendu le lendemain matin, les travaux n'eussent pas été très avancés encore, et eussent-ils été terminés, le passage eût été très difficile, sous le feu des Russes, sur la rive marécageuse et basse qu'ils occupaient. — Napoléon comprenait si bien son infériorité qu'il sortit de Borisoff à dix heures du soir, préparé à jouer son va-tout. Il s'arrêta cependant avec les six mille hommes de la Garde qui lui restaient à Staroï-Borisoff, dans une maison appartenant au prince Radzivill. Il ne dormit point de la nuit, sortant à tout moment pour prêter l'oreille au moindre bruit, ou se rendre à l'endroit où son sort devait se décider. Le jour ne venait pas assez vite au gré de son impatience. Plusieurs fois ceux qui l'entouraient durent lui faire remarquer que la nuit durait encore.

« L'Empereur, raconte son valet de chambre, attendait le jour dans une mauvaise bicoque; le matin il dit au prince Berthier : « Eh bien ! Berthier, » comment sortir de là ? » — Il était assis dans sa chambre ; de grosses larmes coulaient lentement le long de ses joues, plus pâles que de coutume. Le prince était près de lui. — Le roi de Naples s'ouvrit avec franchise à son beau-frère et le supplia, au nom de l'armée, de songer à son salut, tant le péril était imminent. De braves Polonais s'offraient pour former l'escorte de l'Empereur. Il pourrait remonter plus haut la Bérézina et gagner en cinq jours Wilna. L'Empereur hocha la tête en signe de refus et ne dit rien de plus..... Alors qu'on avait à peine jeté les premiers appuis du pont, le maréchal Ney et le roi de Naples accoururent à bride abattue vers l'Empereur, en lui criant que l'ennemi avait abandonné sa position menaçante. Je vis l'Empereur, tout hors de lui et n'en pouvant croire ses oreilles, aller lui-même au pas de course jeter un coup d'œil du côté où l'on disait que s'était dirigé l'amiral Tchitchagoff. Le fait était vrai. L'Empereur, transporté de joie et tout essoufflé de sa course s'écria : « J'ai trompé l'amiral ! »

» On eut peine à concevoir ce mouvement rétrograde de l'ennemi quand l'occasion était si belle de nous attaquer..... »

A la vérité, les Russes furent trompés dans le vrai sens du mot. Leurs chefs ne firent aucune attention aux travaux qui se faisaient près de Studianka, pendant quarante-huit heures. L'imprudence même des Français ne fit que convaincre l'amiral Tchitchagoff, qu'ils comptaient l'attaquer en aval de cette place. Il y attira le corps de Tchaplitz, qui occupait une position près de Studianka, en face de l'endroit où se faisaient les travaux ; il devait avoir tout vu, tout entendu.

L'amiral Tchitchagoff était le type du courtisan; il ne devait son élévation qu'au hasard, à l'amitié et à la faveur du Czar. C'était un homme hautain, insolent, se croyant en tout supérieur aux autres. Ce n'est pas sans raison que Kriloff avait écrit sur son compte une fable sous ce titre « le Brochet faisant la chasse aux Rats ». Les juifs envoyés par les Français et la démonstration d'Oukoldale persuadèrent que le passage se préparait en aval de Studianka d'où il rappela le détachement d'observation malgré les rapports qu'on lui faisait sur la construction des ponts.

En réalité, quelle que fût sa foi en son heureuse étoile, Napoléon n'était pas en droit de compter sur une telle inadvertance de la part des Russes et les Français ont raison en disant que les historiens auront un problème bien difficile à résoudre : comment s'est-il pu faire qu'une armée disloquée, ffaiblie, pressée de tous côtés par l'ennemi, beaucoup plus nombreux qu'elle et qui, littéralement, n'avait qu'à étendre la main pour saisir sa proie, ait pu trouver tout à coup le passage libre ?

Les Russes disparus, plus d'obstacles, l'armée française pouvait achever paisiblement sa retraite par un chemin neuf, épargné par le feu, au milieu de villages intacts. Quels qu'eussent été les motifs de cette faute des Russes, maladresse ou négligence, les Français, dans tous les cas, purent rendre grâce au ciel que l'armée ennemie eût compté dans ses rangs des généraux si stupides.

A la faute qu'il venait de commettre en concentrant son armée au-dessous de Borisoff, Tchitchagoff en ajouta sans tarder une seconde, qu'aurait évitée le dernier des sous-officiers et qui reste impardonnable. La route de Wilna, depuis Zemlin, tracée sur un sol marécageux, est formée de vingt-deux ponts de bois, auxquels le général russe devait mettre le feu en se retirant. Pour une raison ou pour une autre, ils ne furent pas incendiés, et, cependant, on avait préparé auprès d'eux, dans ce but, des substances inflammables.

Si Tchitchagoff eût été moins présomptueux, moins vaniteux, s'il ne se fût pas cru infaillible, il aurait rendu impraticable, avant de gagner

Oukolda, le passage de Studianka. Il pouvait y laisser des postes d'observation, puis détruire complètement la route de Wilna. L'armée française aurait été irrévocablement perdue, comme ses efforts pour passer la Bérézina eussent été annihilés, car elle eût été arrêtée de nouveau par les profonds marais qui entourent Zemlin et qui n'étaient point gelés. Mais, avec une générosité vraiment chevaleresque, notre amiral laissa construire un pont, facilita l'accès de tous les passages et disparut avec son armée et toute son artillerie, comme en disant : soyez les bienvenus !

J'ai dit ailleurs quel épouvantable désordre régna sur la rive de la Bérézina, surtout au moment de l'arrivée en masse des traînards et combien fut effrayant le spectacle lorsque, vers le soir, l'artillerie du général Wittgenstein ouvrit le feu sur cette cohue, et que, pris de panique, hommes, femmes, enfants, chevaux attelés ou montés, se ruèrent au passage, ou se jetèrent, affolés, dans la rivière, où ils rejoignaient dans la mort ceux que les soldats encore armés jetaient du haut des ponts, à coups de sabre, pour se frayer la voie. Le lit du fleuve fut encombré de cadavres enchevêtrés dans les voitures et les caissons noyés.

Notons encore que la division du général Portuneau, égarée, tomba sur le camp russe et se rendit. 7 à 8.000 hommes furent encore perdus pour l'armée française, et Napoléon furieux accusa le général d'avoir abandonné ses troupes — ce qui fut loin d'être prouvé. Quant au désastre qui accabla les traînards, il pouvait être évité en grande partie, si l'on en croit Marbot : les ponts n'ayant pas du tout été employés pendant la nuit.

La division Gérard fut la dernière qui passa, en s'ouvrant la route les armes à la main. Les Russes la suivaient de près; elle incendia immédiatement le seul pont qui restât encore debout, sacrifiant tous ceux qui se trouvaient encore sur la rive gauche de la rivière.

« On peut dire, avec Chambray, que c'est à la Bérézina que se terminèrent les destinées de cette Grande Armée qui avait fait trembler l'Europe. Elle cessa d'exister sous le rapport militaire; il ne lui resta d'autre voie de salut que la fuite. »

Il est injuste de rendre Kutusoff, seul responsable de ce que Napoléon, évadé de Russie, put faire encore, pendant deux ans, couler des flots de sang en Europe. Il avait fait tout ce qu'il fallait pour cerner les débris de l'armée française sur le point le mieux choisi : les bords de la Bérézina.

L'ennemi de la Russie devait capituler ou subir une destruction complète. Kutusoff en était convaincu et l'opinion qu'il s'était faite de la situation de Napoléon était pleine de sens. Dans un entretien qu'il eut avec un prisonnier qui occupait dans l'administration de l'armée française, un poste éminent et qui nous en a conservé le récit, il s'exprima fort clairement : « Le maréchal (Kutusoff) me dit qu'on avait étudié le caractère et jusqu'aux manies de Bonaparte; qu'on était persuadé qu'une fois de l'autre côté du Niémen, il voudrait toujours conquérir. On lui a cédé du terrain autant qu'il en fallait pour exténuer son armée, pour la disséminer, pour la vaincre par la politique et par la famine. On comptait sur la rigueur du climat pour l'anéantir. Par quel aveuglement lui seul n'a-t-il pas vu un piège qui était visible pour tout le monde? Le maréchal s'étonnait surtout de la facilité avec laquelle ont réussi toutes les ruses employées pour le retenir à Moscou, et de sa ridicule prétention d'y faire la paix, lorsqu'il n'avait plus de forces nécessaires pour faire la guerre..... « Bonaparte » a perdu le jugement; toute cette campagne le » prouve; s'il avait voulu continuer sa course plus » loin que Moscou, nous avions encore cinq cents » lieues de pays à lui abandonner..... »

Le maréchal avouait qu'il était difficile de trouver un plan plus dangereux pour la Russie, que celui attribué d'abord à Napoléon de s'arrêter dans Smolensk, de couvrir la Pologne et de recommencer la guerre au printemps suivant. Mais il était persuadé que ce plan n'était pas de Napoléon. Il n'admettait pas que ce dernier, trop habitué à des campagnes rapides, eût consacré deux ans à la conquête d'un pays. Il soutenait qu'il fallait trop peu le connaître pour le croire capable de mener jusqu'au bout une action demandant du temps, de la persévérance, des soins assidus. — Le maréchal était sûr, ajoute notre officier d'administration, que Bonaparte périrait au passage de la Bérézina. — On sait ce qu'il advint de cette certitude.

Puisque je suis sur le chapitre des fautes, je dois citer les lignes du colonel Chambray, où il discute la légende de l'hiver vainqueur des armes de Napoléon.

« On a tant répété, dit-il, que ce fut le froid qui a causé les désastres de l'armée, que je crois nécessaire de faire connaître exactement quelle avait été jusqu'ici son influence. Ce ne fut pas le froid seul qui détruisit et désorganisa l'armée de Moscou, puisque les deuxième et neuvième corps avaient conservé un ordre parfait, qnoiqu'ils eussent enduré les mêmes froids qu'elle..... Les principales causes des désastres de l'armée furent d'abord la famine, ensuite les marches et les bivouacs non interrompus; enfin le froid lorsqu'il fut devenu rigoureux ou lorsqu'il fut humide. Quant aux chevaux, ils supportent très bien le froid, quelque rigoureux qu'il soit, quand ils sont bien nourris ; ainsi ils ne périrent que de faim et de fatigue. »

« Un autre mal était que dans les villes et aux étapes on ignorait la vraie position de l'armée ainsi que son approche qu'on ne connaissait qu'au dernier moment. Aussi les administrateurs, pris au dépourvu, repoussaient partout les fuyards. A Wilna, continue Chambray, par exemple, il y avait du pain, du biscuit et de la farine pour cent mille hommes pendant quarante jours, sans compter les blés, les magasins d'hiver.. ... de la viande pour cent mille homme pendant trente-six jours, existant en parcs. .... de la bière et de l'eau-de-vie dans une proportion plus grande encore... trente mille paires de souliers, vingt-sept mille fusils et une très grande quantité d'effets d'habillement, de harnachement et d'équipement...

» Tout est tombé dans les mains des Russes ! »

La Bérézina passée, le désordre n'en continua pas moins et bientôt Napoléon parut n'avoir plus qu'une idée : celle de quitter l'armée à la première occasion, de partir pour la France, d'y rallier de nouvelles troupes et d'empêcher ses alliés de se liguer contre lui.

Comme celui de Smolensk, quelque temps avant, le nom de Wilna soutenait l'espoir dans le cœur des soldats. Là étaient, avec le repos, des vivres en abondance. Leur espérance fut encore une fois déçue. Il fallut fuir encore plus loin. — La ville, était devenue un infect cloaque. Des milliers de cadavres encombraient les cours des maisons où se trouvaient des malades ; à la porte des hôpitaux, les corps s'entassaient et, derrière ces amas, les malades établissaient leurs lieux de nécessité.

« A une lieue de Wilna, raconte Ségur, se trouve une haute montagne dont la pente rapide était couverte de verglas. Cette montagne fut aussi fatale à nos équipages que l'avait été la Bérézina. Les chevaux firent d'inutiles efforts pour la gravir et l'on ne put sauver ni une voiture, ni une pièce de canon. Nous trouvions au pied de la côte toute l'artillerie de la Garde, le reste des équipages de l'Empereur et le trésor de l'armée. Les soldats, en passant, enfonçaient les voitures et se chargeaient de riches habits, de fourrures, de pièces d'or et d'argent. C'était un singulier spectacle que de voir des hommes, couverts d'or et mourants de faim, et de trouver étendus sur les neiges de la Russie tous les objets que le luxe a fait inventer à Paris. Ce pillage continua jusqu'au moment où les Cosaques tombèrent sur les pillards et s'emparèrent de toutes ces richesses..... » — Et Bourgeois précise, en ajoutant au tableau : « Ce fut à la montagne de Wilna que furent abandonnés tous les équipages de la maison de Napoléon, qu'on avait traînés jusque-là. Toutes ces voitures furent livrées au pillage, et on y trouva une foule de choses précieuses. C'est sans doute là que les Cosaques saisirent tous les ornements de la dignité impériale !..... »

Mais c'est Labaume qui donne du départ de l'armée la plus saisissante description que je veux citer tout entière :

« L'heure fixée était arrivée, nous partîmes en silence, laissant les rues couvertes de soldats ivres-morts ou endormis. Les cours, les galeries, les édifices en étaient remplis et pas un ne voulait partir ni seulement se lever pour obéir aux ordres du chef qui l'appelait..... Nous arrivâmes au-dessous d'un monticule inaccessible, à cause de son escarpement et du verglas dont il était couvert.

Tout autour étaient le reste des équipages de Napoléon, les bagages laissés à Wilna, le trésor de l'armée et les caissons contenant les funestes trophées apportées de Moscou.....

» On conçut alors l'idée de faire porter par des militaires de l'escorte, l'argent appartenant au Trésor impérial ; comme il y en avait environ pour cinq millions, dont la plus grande partie était en écus, il fallut recourir à tant de monde que chacun de ces soldats, profitant de la circonstance qui ne permettait pas de les surveiller, emporta pour son compte ce qui lui avait été confié. Les étendards arrachés à l'ennemi, auxquels ces âmes vénales ne pouvaient plus s'intéresser, furent lâchement abandonnés au pied de la montagne, ainsi que la fameuse croix de Saint-Ivan qu'il eût été si glorieux d'ajouter à nos trophées, si depuis, les Russes, que nous appelons barbares, ne nous avaient donné le noble exemple d'une modération qui accompagne rarement la victoire.

» Ceux qui vinrent ensuite augmentèrent le nombre des pillards, et c'était une scène vraiment digne d'observation, de voir ces hommes, mourant de faim, quoique accablés de plus de richesses qu'ils n'en pouvaient porter. Aussi les voyait-on se les distribuer eutre eux avec indifférence et chercher de préférence à l'argent les comestibles qui se trouvaient dans les voitures. Partout ce n'était que malles enfoncées, porte-manteaux entr'ouverts ; de superbes habits de cour et de riches fourrures étaient endossés par des soldats hideux qui, sortant du pillage, offraient soixante francs d'un louis. Il y en eut qui donnèrent dix écus pour un verre d'eau-de-vie. Enfin un autre, en ma présence, pour quelques pièces d'or, offrait un baril rempli d'argent et il fut acheté par un officier supérieur qui le plaça sur son traîneau..... Enfin tous nos soldats, transformés en brocanteurs, ne cherchaient qu'à vendre les effets volés et ceux qui avaient pillé le trésor ne songeaient qu'à les acheter pour en retirer quelque bénéfice. Partout on n'entendait parler que de lingots ou de bijoux; chaque soldat était chargé d'argent, mais aucun n'avait de fusil. Devait-on, d'après cela, s'étonner de l'effroi qu'inspiraient les Cosaques!..... »

Dans le fait, les Cosaques arrivèrent bien, mais pour cette fois, l'amour du gain confondit amis et ennemis, braves et lâches, et Cosaques et Français pillèrent de compagnie.

Un autre témoin oculaire, l'auteur de *Mon Journal*, dit en parlant de ces derniers jours : « L'excès du froid avait paralysé les derniers reste de la discipline ; les officiers n'étaient plus écoutés, le tambour battait en vain et ces vieux grenadiers, notre seule et dernière espérance, refusaient désormais d'abandonner leurs feux pour former leurs rangs. Cependant, à force de reproches, de menaces, de prières et d'exhortations, on parvint à en rassembler quelques-uns, mais lorsqu'on voulut faire lever les autres, il se trouva qu'ils étaient presque tous raide-morts autour de leurs bûchers, qui n'avaient pu les garantir de la congélation pendant leur sommeil..... »

Plus loin il revient sur un horrible détail : « Nous nous asseyions même sur des cadavres glacés, qui, répandus en assez grand nombre autour du feu, nous servaient de bancs..... »

Les grenadiers de la Garde refusaient au roi de Naples d'aller lui chercher du bois ou de la neige et lorsque le prince de Neufchâtel voulut mettre en mouvement ce qui restait du 4e corps, — et ce corps tenait tout entier à ce moment dans une chambre, — il éprouva les plus grandes difficultés.

D'ailleurs, si le 4e corps était réduit à quelques hommes, Il n'en restait plus qu'un seul pour former l'arrière-garde de la Grande Armée.

J'ai déjà cité l'anecdote racontée par le général Dumas : « Me reconnaissez-vous, général, » lui demanda, dans une auberge de la frontière de Prusse, à Gumbinen, un homme de haute stature enveloppé d'une touloupe et chaussé de hautes bottes. Et, sur un signe négatif du général, l'homme ajoutait : « Je suis l'arrière-garde de la Grande Armée, le maréchal Ney. »

« Les auteurs du XXIXe Bulletin ont-ils donc échappé seuls au passage de la Bérésina et du Niémen, s'écrie dans ses souvenirs un officier de la jeune Garde, pour qu'ils osent affirmer avec impudence qu'ils ont ramené une armée et qu'ils l'ont mise en quartiers d'hiver!..... Que notre nation est facile à tromper et quel affreux réveil lui prépare la vengeance de l'Europe! »

Fezensac résume en quelques chiffres le terrible bilan de l'invasion de la Russie :

« Les résultats de la campagne furent la destruction d'une armée de cinq cent mille hommes, de toutes ses administrations et de son immense matériel. A peine soixante-dix-mille hommes repassèrent la Vistule. Le nombre des prisonniers ne s'éleva qu'à cent mille, d'où il résulte que trois cent trente mille périrent.....

» L'artillerie entière, composée de douze cents bouches à feu, de leurs caissons, fut prise ou abandonnée ainsi que trois-mille fourgons, les équipages des officiers, les magasins de toute espèce ; l'histoire n'offre pas l'exemple d'un semblable désastre..... »

D'après les rapports officiels russes, 253.000 cadavres furent brûlés dans les gouvernements de Moscou, Vitebsk et Mohilew ; 53.000 à Wilna et à deux verstes à la ronde ; 100.000 hommes furent faits prisonniers.

Napoléon ne vit pas ces dernières convulsions de son armée. Il s'était décidé à partir pour Paris bientôt après le passage de la Bérézina. Le projet, bien qu'il fut connu et approuvé de l'entourage immédiat de l'Empereur, fut tenu secret pour le reste de l'armée. — On ne voyait de salut que dans l'organisation rapide d'une armée nouvelle de cinq cent mille hommes.

A Smorgoni Napoléon établit pour la dernière fois son quartier impérial. Il y prit ses dernières dispositions et y écrivit son dernier XXIX<sup>e</sup> Bulletin, dans lequel, comme dans les précédents, il mélangeait à des parcelles de vérité les plus fausses assertions, attribuant au hasard le désastre de l'armée, désastre facile d'ailleurs à réparer à bref délai !

Voici quelques extraits significatifs de ce Bulletin:

« Plus de 30,000 chevaux périrent en peu de jours ; notre cavalerie se trouva toute à pied, notre artillerie et nos transports se trouvaient sans attelages. Il fallut abandonner et détruire une bonne partie de nos pièces et de nos munitions de guerre et de bouche.....

» L'ennemi qui voyait sur les chemins les traces de l'affreuse calamité qui frappait l'armée française, chercha à en profiter ; il enveloppait toutes les colonnes par ses Cosaques qui enlevaient, comme les Arabes dans les déserts, les trains et les voitures qui s'écartaient. Cette méprisable cavalerie, qui ne fait que du bruit et n'est pas capable d'enfoncer une compagnie de voltigeurs, se rendit redoutable à la faveur des circonstances. Cependant l'ennemi eut à se repentir de toutes les tentatives sérieuses qu'il voulut entreprendre, il fut culbuté par le vice-roi, au-devant duquel il s'était placé et y perdit beaucoup de monde.

» Le duc d'Elchingen fut cerné et se trouva dans une position critique, il s'en tira avec cette intrépidité qui le distingue. Après avoir tenu l'ennemi éloigné de lui pendant toute la journée du 18, et l'avoir constamment repoussé, à la nuit, il fit un mouvement par le flanc droit, passa le Borysthène et déjoua tous les calculs de l'ennemi. Le 19 l'armée passa le Borysthène à Orcha, et l'armée russe, fatiguée, ayant perdu beaucoup de monde, cessa là ses tentatives. La cruelle méprise de la division Portunaux doit nous avoir fait perdre 2.000 hommes d'infanterie, 300 chevaux et trois pièces d'artillerie. Des bruits couraient que le général de division n'était pas avec sa colonne et avait marché isolément.....

» Tous les officiers et soldats blessés ont été dirigés sur Wilna.....

» Le matériel et les chevaux arrivent. Le général Bourcier a déjà plus de vingt mille chevaux de remonte dans différents dépôts.

» L'artillerie a déjà réparé ses pertes.

» Les généraux, les officiers et les soldats ont beaucoup souffert de la fatigue et de la disette.

» Beaucoup ont perdu leurs bagages par suite de la perte de leurs chevaux ; quelques-uns par le fait des embuscades des Cosaques.

» Les Cosaques ont pris bon nombre d'hommes isolés, d'ingénieurs-géographes qui levaient des positions et d'officiers blessés qui marchaient sans précautions, préférant courir des risques plutôt que de marcher posément et dans les convois.

» La santé de Sa Majesté n'a jamais était meilleure. »

Voici comment le départ de Napoléon s'est effectué :

« Des précautions furent prises, dit Ségur, dans l'appartement intérieur pour que jusqu'au lendemain rien de ce qui allait s'y passer n'y transpirât. Mais le pressentiment d'un dernier malheur saisit ses officiers, tous auraient voulu le suivre.....

» Pendant qu'ils feignaient un repos qu'ils étaient loin de goûter, la nuit et l'instant que l'Empereur avait désignés pour déclarer aux chefs de l'armée sa résolution, arrivèrent.

» Tous les maréchaux furent appelés. A mesure qu'ils entrèrent, il les prit chacun en particulier et d'abord, il les gagna à son projet, tantôt par des raisonnements, tantôt par des épanchements de confiance.

» C'est ainsi qu'en apercevant Davout, on le vit aller au devant de lui, et lui demander pourquoi « il ne le voyait plus, s'il l'avait abandonné! » Et sur ce que Davout répondit qu'il croyait lui déplaire, l'Empereur s'expliqua doucement, accueillit ses réponses, lui confia jusqu'au chemin qu'il croyait devoir prendre et reçut ses conseils sur ce détail.

» Il fut caressant pour tous; puis les ayant réunis à sa table, il les loua de leurs belles actions pendant cette campagne. — Pour lui, il ne convint de sa témérité que par ces seules paroles : « Si » j'étais né sur le trône, si j'étais un Bourbon, » il m'aurait été facile de ne pas faire de fautes!»

» Quand le repas fut achevé, il leur fit lire par le prince Eugène son XXIXe Bulletin; après quoi, déclarant hautement ce qu'il avait déjà confié à chacun d'eux, il leur dit : Oui, cette nuit même, il allait partir avec Duroc, Caulaincourt et Lobau, pour Paris; sa présence y était indispensable pour la France, comme pour les restes de sa malheureuse armée. C'était de là seulement qu'il pourrait contenir les Autrichiens et les Prussiens. Sans doute, ces peuples hésiteraient à lui déclarer la guerre, lorsqu'ils le sauraient à la tête de la nation française et d'une nouvelle armée de douze cent mille hommes!.....

« Je laisse, ajouta-t-il enfin, le commandement
» de l'armée au roi de Naples. J'espère que vous
» lui obéirez comme à moi et que le plus grand
» accord règnera entre vous! »

» Alors il était dix heures du soir; il se lève et leur serrant affectueusement les mains, il les embrassa tous et partit!.....

» Il venait de traverser la foule de ses officiers, rangés sur son passage, en leur laissant pour adieu des sourires tristes et forcés; il emporta leurs vœux, également muets, que quelques gestes respectueux exprimèrent.

» Lui et Caulaincourt s'enfermèrent dans une voiture; son mameluck et Woussovitch, capitaine de sa Garde, en occupaient le siège; Duroc et Lobau le suivirent dans un traîneau.

Les choses ne se passèrent peut-être pas aussi

placidement que nous le raconte de Ségur. Si personne ne protesta parmi ses maréchaux, si Berthier lui-même ne le dissuada pas de partir, ce dernier n'en déclara pas moins qu'il partait aussi avec les officiers désignés. Napoléon, irrité de son insistance, l'accabla de reproches, lui rappela les faveurs et les bienfaits dont il l'avait comblé et l'invita à se résigner, sinon, il pouvait partir et aller, dans ses terres, attendre qu'il l'y fît juger pour rébellion.

Le départ de l'Empereur mit le comble à la désorganisation lorsqu'il fût connu des troupes.

« Dès qu'on sut l'Empereur parti, dit Labaume, la plupart, à son exemple, ne furent plus retenus par la honte, et sans pudeur abandonnèrent les restes du régiment qui leur avait été confié. Jusqu'alors on avait trouvé de distance en distance quelques soldats armés qui, conduits par leurs officiers, marchaient autour de l'étendard..... Dès qu'ils se virent sans chefs et que des calamités inouïes eurent diminué leur nombre, ces braves, chargés d'un si précieux fardeau, se virent réduits en gémissant à cacher les aigles dans leurs sacs. »

Il fallait, pour maintenir un semblant de discipline, le colosse dont la silhouette s'effaçait à l'horizon de Wilna. Murat et les maréchaux n'étaient pas de taille, et d'ailleurs, la désaffection était générale et le mépris imminent.

« Une heure après la fuite de l'Empereur, dit

René Bourgeois, je m'approchai d'un bivouac de la Garde. Un chef de bataillon de grenadiers abordant un officier supérieur lui dit à haute voix : « Eh » bien ! le brigand est donc parti ? » —- « Il vient » de passer à l'instant », répondit son compagnon d'armes et de malheurs, « il nous fait comme » en Egypte. »

Deux rois, un prince, huit maréchaux accompagnés de quelques officiers, des généraux à pied et sans troupes, quelques centaines d'hommes de la vieille Garde, portant encore leurs armes; telle fut la Grande Armée quand elle repassa la frontière.

Il s'en fallut même de très peu, qu'en quittant Wilna, Napoléon ne tombât entre les mains du partisan russe Seslawin. Il eut pourtant encore la chance d'échapper à ce danger.

Enfin à Varsovie, hors de toute inquiétude, il parla : « J'ai quitté Paris dans l'intention de ne pousser la guerre que jusqu'aux anciennes frontières de la Pologne : les circonstances m'ont entraîné. J'ai peut-être eu tort de pousser jusqu'à Moscou, peut-être mal fait de m'y arrêter trop longtemps, mais du sublime au ridicule il n'y a qu'un pas et c'est à la Postérité à en juger !.....

» Dans ma marche je n'avais pas de cavalerie pour me couvrir et je conviens de m'être trouvé embarrassé lorsque les Cosaques venaient donner dans mes colonnes. Je ne pouvais réunir mon armée, cela aurait gêné ma marche. Je ne pouvais pas non plus disséminer, parce que les Cosaques m'auraient coupé de tous côtés. Il a fallu avancer, reculer, boucher les trous, les tromper continuellement. J'ai eu besoin de toute mon expérience pour me tirer de là. »

Et il ajoute :

« Mes Français ne valent rien l'hiver, le froid les engourdit. »

C'était vrai, mais son génie et sa gloire ont aussi subi une violente secousse et s'il s'était tiré des neiges de Russie, il n'en était pas moins frappé dans toute sa puissance, dont l'agonie commençait.

Paris. — Société anonyme de l'Imprimerie des Arts et Manufactures et Dubuisson, 12, rue Paul-Lelong. — 3559-96.